CONTACTO SPANISH

STUDENT'S BOOK

WOLFGANG HALM □ CAROLINA ORTIZ BLASCO

ADAPTED BY JENNIFER JONES

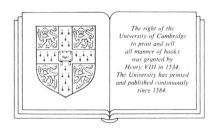

*The right of the
University of Cambridge
to print and sell
all manner of books
was granted by
Henry VIII in 1534.
The University has printed
and published continuously
since 1584.*

CAMBRIDGE UNIVERSITY PRESS

CAMBRIDGE

NEW YORK □ NEW ROCHELLE □ MELBOURNE □ SYDNEY

Contents

(The cassettes accompanying this course include all the texts of the *Lecciones* and the listening passages marked with the symbol **◌◌** in the Student's Book. Passages marked with the symbol ⊙ are to be read/ listened to for 'gist' comprehension only. Only key words are given in the vocabulary.)

Lección 1

1 ¿Vamos a aprender español?

¿Vamos a aprender español?
¿Aprender español? ¿Para qué?
Para hablar, para entender, para leer.
Para hablar con los españoles y los latino-
americanos.
Para entender un poco la radio y la
televisión.
Para leer las cartas de nuestros amigos.
Para ir a España o a México, a Perú, a
Colombia.
Para ir al hotel y al restaurante.
Para comprar cosas en España o en Bolivia.
Bien. Vamos a aprender español, juntos, en
grupo.

3 ¿Cómo se llama ese señor?

– ¿Cómo se llama ese señor/esa señora/
esa señorita?
– (Ese señor/esa señora/esa señorita) se
llama _____.

2 ¿Cómo se llama usted?

A – Yo me llamo _____.
    Me llamo _____.
    Y usted, señor/señora/señorita,
    por favor, ¿cómo se llama usted?
B – ¿Yo? Me llamo _____.
    Y usted, señor, ¿cómo se llama usted,
    por favor?
C – _____.

2a ¿Cómo te llamas?

A – Me llamo _____.
    Y tú, ¿cómo te llamas?
B – _____.

4 Buenas tardes. ¿Cómo está usted?

A – Buenas tardes/buenos días.
B – Ah, buenas tardes/buenos días,
   señora _____. ¿Cómo está Vd.?
A – Muy bien, gracias, ¿y Vd.?
B – Bien, gracias.

4a Hola, ¿cómo estás?

A – Hola.
B – Ah, hola, Miguel. ¿Cómo estás?
A – Bien, gracias, ¿y tú? ¿Qué tal?
B – Muy bien.

Lección 2

1 **Para leer**

Hotel Europa ★★★★★

Un hotel moderno, en el centro de Madrid
50 habitaciones
(40 dobles, 10 individuales, 30 con baño,
20 con ducha)
Salón de televisión
Garaje
Restaurante internacional »Europa«
Teléfonos 2 234 156 y 2 278 901
Telegramas: Eurotel Madrid
Calle de Gerona, 10 (cerca de la Plaza Mayor)

2 Números

0	1	2	3	4	5	6	7	8	9
cero	uno	dos	tres	cuatro	cinco	seis	siete	ocho	nueve

10	20	30	40	50
diez	veinte	treinta	cuarenta	cincuenta

3 Números de teléfono

A – Por favor, ¿qué número de teléfono tiene
 Vd?
B – Tengo el _____. / – No tengo
 teléfono.
 Y Vd., ¿qué número tiene?
A – _____.

3a ¿Tienes teléfono?

A – ¿Tienes teléfono?
B – Sí, tengo el _____. Y tú, ¿qué
 número tienes?
A – El _____.

4 Muchas gracias

A – Por favor, ¿qué número de teléfono tiene
 el señor A/la señora B/la señorita C?
B – Tiene el número _____.
A – Muchas gracias.
B – De nada.

5 ¿Quiere Vd. apuntar los números?

Hotel de la Catedral, tel. _____

Hotel del Castillo, tel. _____

Pensión del Museo, tel. _____

Pensión Carmen, tel. _____

Lección 3

En la Costa Brava

1 ¿Qué va a hacer Vd. en las vacaciones?

A – ¿Qué va a hacer Vd. en las vacaciones?

B – ¿En las vacaciones? Pues, no sé.
   Todavía no sé.
   Quizás voy a ir a la Costa Brava.
   Y Vds., ¿qué van a hacer?

A – Nosotros vamos también a España.
   Para eso aprendemos español.
   Queremos hablar con la gente.

C – ¿Por qué no vamos juntos? Me gustaría ir
   en grupo. Sería más divertido, ¿no?

A – Pues sí, es una buena idea.

2 ¿Quién puede ir con el grupo?

A – ¿Puede ir Vd. esta noche con nosotros
al restaurante español?
B – Yo, sí. Yo puedo.
A – Y Vd., señor/señora/
señorita _____?
¿Puede Vd. también?
C – Yo, no. Lo siento.
Me gustaría ir con Vds., pero no puedo.

2a ¿Qué vas a hacer en las vacaciones?

A – ¿Qué vas a hacer en las vacaciones?
B – Todavía no sé.
Y vosotras, ¿qué vais a hacer?
A – Vamos a Sevilla. ¿No puedes ir con
nosotras?
B – Pues sí, quizás . . .

3 ¿Cómo vamos?

A – ¿Y cómo vamos a la Costa Brava?
B – Hay varias posibilidades. Podemos ir en
autobús, por ejemplo.

A – El autobús es barato, claro, pero me
gustaría más ir en avión. Es más cómodo.
B – Pero también es más caro.

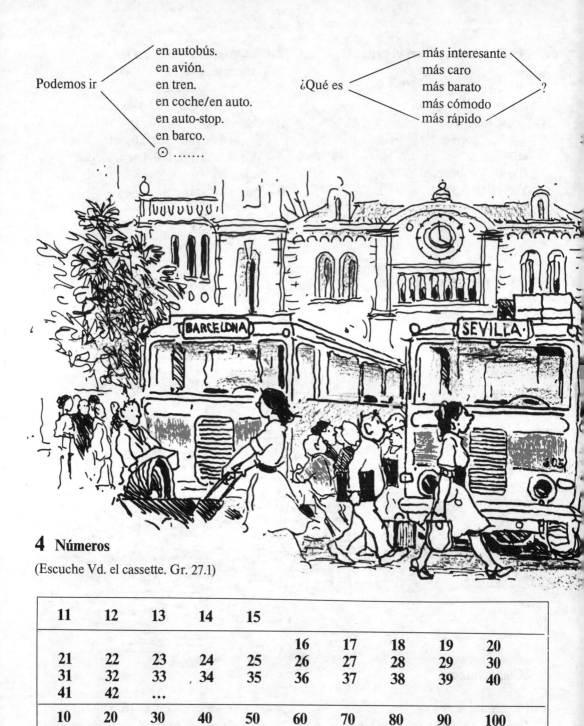

	en autobús.		más interesante
Podemos ir	en avión.	¿Qué es	más caro
	en tren.		más barato ?
	en coche/en auto.		más cómodo
	en auto-stop.		más rápido
	en barco.		
	⊙		

4 Números

(Escuche Vd. el cassette. Gr. 27.1)

11	12	13	14	15					
					16	17	18	19	20
21	22	23	24	25	26	27	28	29	30
31	32	33	34	35	36	37	38	39	40
41	42	...							
10	20	30	40	50	60	70	80	90	100
101	...								

5 ¿Cuántos somos?

A – ¿Vamos todos a tomar una copa ahora?
B – Yo no puedo…
C – Nosotros tampoco podemos.
A – ¡Qué lástima! Bueno, ¿quién va con nosotros? ¿Cuántos somos? Uno, dos, tres…

5a ¿No podéis ir con nosotros?

A – ¿No podéis ir con nosotros?
B – Lo siento, pero no podemos.
A – Y tú, Miguel, ¿tampoco puedes?
B – Yo, sí.

6 Comprensión auditiva

Escuche Vd. el cassette. Hablan dos personas. Hablan de las vacaciones.

	sí	no	quizás
Hablan dos amigos.	☐	☐	☐
Los dos van a ir a París.	☐	☐	☐

7 ¿Cómo se escribe?

A – ¿Cómo se llama Vd.?
B – Azcárate.
A – ¿Cómo se escribe?
B – a, zeta, ce, a acento, erre, a, te, e.

Lección 4

1 ¿Qué tal? ¿Cómo está Vd.?

A – Hola, ¿qué tal?
B – Hola, muy buenas tardes, ¿cómo está Vd.?
A – Pues, no estoy muy bien.
B – Hombre, ¿qué le pasa?
A – No sé, tengo dolor de cabeza…
B – ¿Quiere tomar una aspirina?
A – Pues sí, ¿Vd. tiene? ¿Puede darme una?

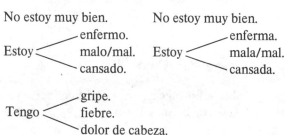

No estoy muy bien.

Estoy ── enfermo.
         malo/mal.
         cansado.

No estoy muy bien.

Estoy ── enferma.
         mala/mal.
         cansada.

Tengo ── gripe.
         fiebre.
         dolor de cabeza.

Dr.
TOMAS GOMEZ SANZ
MEDICINA GENERAL
RAYOS X
PISO 2º-2ª   CONSULTA:
MAÑANA : 10 - 13
TARDE : 17 - 21
ON PARLE FRANÇAIS·WE SPEAK
ENGLISH·MAN SPRICHT DEUTSCH

1a ¿Qué te pasa?

A – ¿Qué te pasa? ¿No estás bien?
B – No sé. Tengo dolor de cabeza…
A – ¿Por qué no tomas una aspirina?
B – ¿Tienes una?
A – Sí, aquí la tienes.

2 Creo que sí

– ¿Qué le pasa? ¿Tiene Vd. fiebre?
– Creo que sí. / Creo que no.

3 ¿Cuándo va a ir al médico?

A – ¡Qué mala cara tiene Vd., señor García! ¿Cuándo va a ir por fin al médico?
B – Sí, estoy muy cansado y creo que tengo que pedir hora hoy mismo al doctor Carrillo.
A – No sé, me parece que está de vacaciones ahora. En julio siempre está fuera.

Primavera en España

¿Le gusta esquiar?

4 A mí me gusta

A – El otoño no me gusta.
B – A mí me gusta mucho, ¿por qué no le gusta a Vd.?
A – Porque es muy triste. Prefiero la primavera.

4a A mí no me gusta

A – ¿Te gusta el invierno?
B – A mí no me gusta.
A – A mí, sí, porque me gusta la nieve y esquiar.

la primavera	el verano
marzo	junio
abril	julio
mayo	agosto

el otoño	el invierno
septiembre	diciembre
octubre	enero
noviembre	febrero

¿Le gusta la televisión?
¿Le gusta el café?
¿Le gusta el vino?
¿Le gusta el Jerez?

← 5 Para leer:

a. Hay dos tipos de aspirina. ¿Cómo se llaman?

b. Una persona de cinco o seis años es un _____.

c. Una persona de veinte, treinta o cincuenta años es un _____.

d. ¿Cuándo toma Vd. una aspirina?
   – Cuando tengo _____.
   Cuando estoy _____.

e. La aspirina normal es para _____.

f. La aspirina infantil es para _____.

g. ¿Es bueno tomar mucha aspirina / muchas (o demasiadas) medicinas? ¿Hay personas que toman cada día una aspirina o dos o tres?

6 ¿Dónde vive Vd.?

A – ¿Dónde vive Vd.?
B – En la calle de Mallorca número 125.
   ¿Y Vd.?
A – _____.

6a ¿Dónde vives?

A – ¿Dónde vives?
B – En la plaza de _____ número
   _____ ¿Y tú?
A – _____.

7 Números

200 doscientos		600 seiscientos	
300 trescientos	**500 quinientos**	**700 setecientos**	**900 novecientos** 1000 mil
400 cuatrocientos		800 ochocientos	

MEXICO

Paisaje mexicano

⊙ Sobre México 📼📼

México tiene más de 60 millones de habitantes. (España: 34 millones). La Ciudad de México tiene más de 10 millones. (Madrid: 3 millones). El 87 por ciento de los mexicanos son mestizos, el 10 por ciento son indios, el resto son blancos y asiáticos.

La Ciudad de México está a 2.400 metros. El Popocatépetl, cerca de la Ciudad de México, tiene 5.452 metros. Pero no es el punto más alto de México. El Pico de Orizaba tiene 5.747 metros.

La Ciudad de México tiene una temperatura media de 15 grados en enero y de 18 en julio.

Ciudad de México

Dos mexicanos

Lección 5

1 ¿Ha estado Vd. en el museo?

A – ¿Ha estado Vd. en el Museo del Prado?
Yo todavía no lo conozco.
B – Pues yo, sí. He estado ya varias veces.
¡Me encanta Goya!

2 ¿Conoce Vd. Acapulco?

A – ¿Conoce Vd. la playa de Acapulco?
B – No, no la conozco, ni me interesa.
A – Pues creo que le gustaría, ¡es tan bonita!
B – Eso es sólo para turistas ricos…

1

3

1+2 Dos cuadros de Goya
3 En la playa de Acapulco
4 Mojácar

3 ¿Dónde está?

A – ¿Adónde vamos en la Semana Santa?
B – A Mojácar, ¿qué te parece?
A – ¿A Mojácar? ¿Y dónde está eso?
B – En el sur, cerca de Almería. Es un
    pueblecito precioso.
A – ¿Has estado ya?
B – No, por eso me gustaría ir.

2

4

X. está en
- el norte (de España)
- el sur
- el oeste
- el este
- el centro
- la costa
- la montaña/la sierra

X. está en
- Castilla la Vieja
- Castilla la Nueva
- Cataluña
- el País Vasco
- Galicia
- Andalucía
- las Baleares
- las Islas Canarias

4 ¿Qué es?

– ¿Qué es Mojácar?
– Es un pueblo en la costa.

– ¿Qué es Lanzarote?
– Es una de las Islas Canarias.

Lanzarote 1
Huerta cerca de Valencia 2
En la parte antigua de Valencia 3
Naranjal en la región de Valencia 4

5 ¿Cómo es?

– ¿Cómo es Mojácar?
– No es grande, es pequeño.
   Es un pueblo bonito y simpático.

– ¿Cómo es Valencia?
– Es una ciudad antigua, histórica,
   pero también bastante moderna.
   Es un centro de exportación de naranjas.
   Es una gran ciudad.

6 Comprensión auditiva

Escuche Vd. el cassette y apunte la dirección del Hotel Miramar:

Hotel _____

Paseo _____

_____

(Provincia de G._____)

7 Traiga Vd. una foto

La próxima vez, vamos a ver algunas fotos de España y de Latinoamérica. Si quiere, traiga Vd. también una. Vamos a mirarlas y hablar sobre ellas.

8 Vd. necesita un coche

Vd. necesita un coche para dos días. Vd. alquila un coche. Una casa como Avis, Hertz, etc. le alquila el coche. ¿Y el precio? No es barato, pero tampoco es demasiado caro para toda la familia. Un anuncio:

La fuerza de los hechos.

AVIS tiene más coches de alquiler que nadie. Más nuevos. En más ciudades. En más aeropuertos. Y además a precios competitivos. ¡Alquile siempre un *AVIS!* Precios especiales para alquileres a largo plazo. También alquilamos vehículos comerciales.

Nuestra fuerza es nuestro esfuerzo.

La América Latina que tú quieres conocer.

Quena del Ande o Samba; mariachis o Cataratas del Iguazú; Caribe o Mar del Plata. La América Latina que te interesa.

Esa es la América Latina que vas a vivir con Mundicolor. Mundicolor son los tours de Iberia con todo incluído: billetes de avión, hoteles, desayunos, excursiones y traslados. Pero sobre todo, ¡qué gran diferencia!, Mundicolor son tours en vuelo regular: disfrutando el servicio que ha hecho de Iberia la 2.ª línea aérea de Europa. Uno de los 40 países de Mundicolor es el tuyo. Mundicolor tiene la garantía de calidad de Iberia.

Méjico.
Desde 2.706 ptas. al mes.

9 días en Méjico lindo. Conocerás ciudad de Méjico, la de las tres culturas. Pirámides y templos, legado de Mayas y Aztecas; catedrales como la de Guadalupe y casonas coloniales; el Méjico ultramoderno. También irás a Taxco, ciudad totalmente colonial, centro de artesanía popular y colorido. Y a Acapulco, paraíso de alegría.

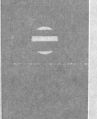

Entra en una Agencia de Viajes. Pide el Libro Mundicolor y viaja en vuelo regular.

IBERIA
LINEAS AEREAS INTERNACIONALES DE ESPANA

50 AÑOS HACIENDO AMIGOS

Lección 6

1 ¿Quieren Vds. ver las fotos?

A – ¿Quieren Vds. ver las fotos? Podemos
  verlas ahora, miren Vds.:
  1 Estas son mujeres de un pueblo de
    Andalucía.
  2 Esta es la plaza de un pueblo de Cata-
    luña. La gente baila la sardana.
  3+4 Este es el mercado de Pisac, en Perú.
  5 Estos son indios con sus animales.

▲1

2▼

▲3

▼4

5

B – Y esto, ¿qué es?
A – Es la Plaza de Armas de Lima. ▼

2 ¿Has traído?

A – ¿Has traído el cassette con música india?
B – Ay no, lo he olvidado en casa.

3 La familia y los amigos

A – Aquí tengo fotos de este verano. Vd. todavía no las ha visto, ¿verdad? Mire: nuestro hotel…
B – ¿El hotel que Vd. nos ha recomendado?
A – Sí, exacto. Esta es mi familia. A la izquierda, mi hijo. A la derecha nuestra hija con su mejor amiga, Mari Carmen. La hemos invitado para las próximas Navidades.
B – Y la señora rubia es su mujer, ¿verdad?
A – Sí, es mi mujer.

Este es mi padre / mi marido / mi novio / mi hijo / mi amigo, lo conoce Vd., ¿no?

Esta es mi madre / mi mujer / mi novia / mi hija / mi amiga, la conoce Vd., ¿no?

Estos son mis padres, Vd. los conoce, ¿verdad?
Estas son mis amigas, Vd. las conoce, ¿verdad?

3a La novia

A – ¿No tienes una foto de tu novia?
B – Sí, claro, mira…
A – ¡Qué guapa!

Playa Azul

4 Le voy a presentar a mi mujer

A – Me gustaría presentarle a mi mujer,
    señor Carreras. Mira, María, el señor
    Carreras.
B – Ah, mucho gusto. Mi marido ya me ha
    hablado de Vd.
C – Encantado, señora.

4a ¿No conoces a Andrés?

A – ¿Quién es esa chica tan morena?
B – Es mi hermana. ¿No os conocéis? ¡No es
    posible! . . . Oye, Charo, ¿tú no conoces
    a Andrés? No lo sabía.
C – Hola.
A – Hola.

5 Los dos trabajan

A – Tengo una hermana que vive en Quito.
B – ¡En Quito! ¿Qué hace ella en Ecuador?
A – Está casada allí, su marido es ecuatoriano.
    Los dos son médicos, él tiene una
    consulta y ella trabaja en un hospital.
B – ¿Tienen hijos?
A – No, hasta ahora no.

Yo trabajo en

una oficina.
una fábrica.
una tienda.
un taller de reparaciones.
una estación de servicio.
⊙ . . . .

Quito, capital del Ecuador

⊙ Las letras en L forman una frase que Vd. dice cuando le presenta su amigo a su mujer.

Un kilómetro tiene mil _____.
Un número:
Esa mujer tiene marido. Está _____.
Hijas de una familia:
Septiembre, octubre, noviembre:
Varias personas:
¿Cómo está _____?
Siete días:
No voy en coche, voy en _____.
Para ir de Madrid a Portugal, se va al _____.
Mujer:

Solución en la página 214

Lección 7

1 ¿Dónde hay una farmacia?

A – Oiga, por favor.
B – Sí, ¡dígame!
A – ¿Sabe Vd. dónde hay una farmacia por aquí?
B – Lo siento, no lo sé. Yo no soy de aquí.

¿Hay
una farmacia
un médico
un banco
un garaje
un supermercado
un buen hotel
por aquí?

2 ¿Puede Vd. decirme si . . .?

A – Por favor, señor.
B – Sí, dígame.
A – ¿Puede Vd. decirme si hay un banco por aquí?
B – ¿Un banco? Pues sí, hay dos.
    El uno está allí enfrente de la iglesia.
    Y el otro, pues . . ., es un poco difícil explicarlo.
A – Bueno, muchas gracias.

Hay una farmacia
- enfrente de
- al lado de
- cerca de

la oficina de Correos.

Hay un banco
- allí enfrente.
- al otro lado de la calle.
- en la primera calle a la izquierda.
- en la segunda calle a la derecha.
- a cien metros de aquí.

3 ¿Dónde está el consulado?

A – Perdón, ¿podría Vd. decirme dónde está
el consulado alemán?
B – No sé, lo siento. Pregunte Vd. a un
guardia.

¿Dónde está
- el consulado alemán?
- la catedral?
- la iglesia de San Vicente?
- el Museo del Prado?
- la estación (del ferrocarril)?
- la parada del autobús para ir a la estación?
- la próxima estación del Metro?

4 Estoy buscando un bar

A – Perdón, estoy buscando el bar «La
Habana».
Debe estar por aquí, pero no lo
encuentro.
B – Sí, mire Vd., está un poco más arriba,
junto a la parada del autobús, a unos
50 metros de aquí.
A – Ah, sí, ahora lo veo. Gracias.

5 ¿Para ir a la estación?

A – Por favor, señora, ¿para ir a la estación?
B – Tome Vd. el autobús número 23. La
parada está al otro lado del puente.

Esperando el autobús

La madre de Manuel está charlando con una amiga

En la parada del autobús

5a ¿Me dices cómo voy?

A – ¿Me dices cómo voy a la estación?

B – Muy fácil. Tomas/toma el autobús
   número 23.
   Mira ahí, ésa es la parada.

aquí	ahí/allí
este bar	ese bar
esta calle	esa parada

6 Está haciendo planes

*Manuel está hablando por teléfono. Su madre y
una amiga de ella están charlando.*

A – Cuando Manuel está en casa, no puedo
   llamar a nadie, ni nadie puede llamar
   aquí. Está siempre telefoneando sin
   parar. De momento está haciendo
   planes para las vacaciones.

B – ¿Es que no va de vacaciones con
   vosotros?

A – ¿Este? ¡Qué ideas tienes! Manuel tiene ya
   18 años…

7 Habla Vd. bien

A – Vd. es extranjera, ¿verdad?
B – Sí, soy inglesa, soy de Londres.
A – Ah, inglesa. Pues habla Vd. muy bien
    español…
    ¿Habla también otros idiomas?
B – El francés, un poco. Pero hablo mejor
    el español.

7a ¿De dónde eres?

A – No eres española, ¿verdad?
B – No, soy alemana. Y vosotras, ¿de dónde
    sois?
A – De aquí. Somos catalanas.

8 ¿Puede Vd. hablar un poco más despacio?

– No le entiendo bien. ¿Puede hablar un
  poco más despacio?
– Ah, sí, perdone. Los españoles hablamos
  tan de prisa…

¿Puede Vd. ⟨ repetir?
             hablar más alto?

⊙ Por favor, aprenda Vd. sólo las palabras que le interesan:

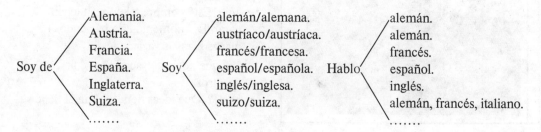

Soy de		Soy		Hablo	
	Alemania.		alemán/alemana.		alemán.
	Austria.		austríaco/austríaca.		alemán.
	Francia.		francés/francesa.		francés.
	España.		español/española.		español.
	Inglaterra.		inglés/inglesa.		inglés.
	Suiza.		suizo/suiza.		alemán, francés, italiano.
	…….		…….		…….

9 Comprensión auditiva

Escuche Vd. el cassette.

a. Vd. busca un supermercado.
   ¿Qué número es en el plano? _____
b. Vd. busca la consulta del
   doctor Ezquerda.
   ¿Qué número es en el plano? _____
c. Vd. busca el hotel Granada.
   ¿Qué número es en el plano? _____
d. Vd. busca la parada del
   autobús número 21.
   ¿Qué número es en el plano? _____

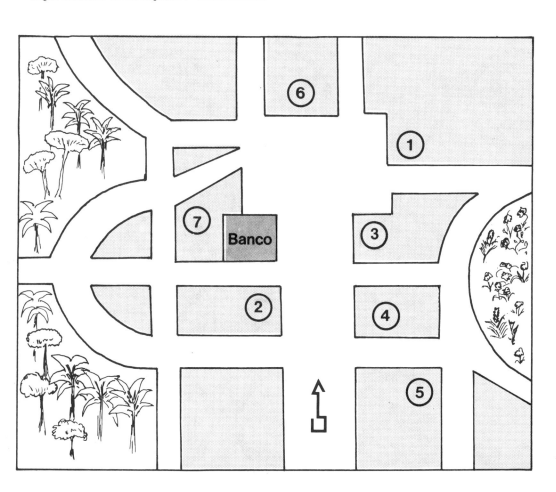

Lección 8

1 ¿Qué hora es?

es la una

son las dos

son las tres

a. _____

b. _____
(en punto)

son las tres
y 5 (minutos)

son las tres
y cuarto

son las nueve
y media

c. _____
_____

d. _____
_____

son las cuatro
menos 25

son las cuatro
menos cuarto

son las cuatro
menos 2

e. _____
_____

f. _____
_____

g. _____
_____

h. _____
_____

i. _____
_____

j. _____
_____

k. _____
_____

2 ¿A qué hora?

A – ¿A qué hora tiene que irse Vd.?

B – A las siete, o a las siete y cuarto. Mi avión sale a las ocho y media.

A – Son las cinco. Le quedan dos horas. ¿Tomamos otro café?

B – Sí. Camarero, por favor, tráiganos dos cafés y un vaso de agua.
Tengo una sed…, ¡qué calor hace! Y Vd., ¿cuándo se va? ¿Hoy o mañana?

A – También esta noche, y vuelvo mañana probablemente.

2a ¿Te vas?

A – ¿Por qué te vas, Paco? ¿No quieres quedarte para la cena?

B – Me están esperando en casa…

A – ¿Por qué no llamas por teléfono y les dices que cenas con nosotros y te vas después?

3 ¿Cuándo podríamos vernos?

A – Me gustaría volver a verte. ¿Cuándo tienes tiempo? ¿El próximo fin de semana? ¿El domingo por la tarde, por ejemplo?

B – ¿Y por qué no por la mañana ya? Podríamos salir fuera todo el día, ¿no te parece?

A – Bien, a las once de la mañana paso por tu casa, ¿de acuerdo?

B – ¿A las once? No sé… Mejor hablamos por teléfono el sábado por la noche y te digo a qué hora. Ahora tengo que marcharme, adiós.

por la mañana	a las diez de la mañana
por la tarde	a las cinco de la tarde
por la noche	a las diez de la noche

4 Vamos a comparar

¿Qué es igual y qué es diferente en nuestro país?

a. ¿A qué hora abren las tiendas?

b. ¿A qué hora las cierran?

c. ¿A qué hora empiezan los cines?

d. ¿A qué hora termina el programa de Televisión Española (TV.E.)?

e. En España, mucha gente empieza a trabajar a las 9.
¿A qué hora empieza Vd. a trabajar?

f. En España, mucha gente no sale del trabajo antes de las 7. ¿Y a qué hora sale Vd.? Salgo _____.

g. ¿A qué hora llega Vd. a casa después del trabajo?

h. En España, la gente generalmente desayuna a las ocho, come de dos a tres y cena a las diez de la noche.
¿A qué hora desayuna, come y cena Vd.?

2

5 Comprensión auditiva

Escuche Vd. el cassette.

a. En el aeropuerto, Vd. está esperando a un amigo que viene de Buenos Aires, en un vuelo de Iberia. Le interesa saber si el avión llega a la hora normal o si tiene retraso/llega tarde.

	sí	no
El avión de Buenos Aires ha llegado ya.	☐	☐
El avión llega media hora más tarde.	☐	☐
El avión va a llegar en pocos minutos.	☐	☐

b. Vd. está en la estación del ferrocarril esperando a una amiga que viene de Bilbao. Le interesa saber si el tren llega a la hora normal o si tiene retraso.

	sí	no
El tren está llegando.	☐	☐
El tren ya ha salido de la estación.	☐	☐

6 ¿A qué hora hay un avión?

¿A qué hora hay un avión para _____?
¿A qué hora llega a _____?

ESCALAS		LU	MA	MI	JU	VI	SA
				BOEING 747			
BUENOS AIRES (Ezeiza)	ll.	09,55	07,40	09,25	08,00	10,00	08,00
CORDOBA (Pajas Blancas)	s.					09,00	
	ll.					08,00	
RIO DE JANEIRO (Galeao)	s.	07,15	05,00	06,45			
	ll.	06,00	03,35	05,30			
MADRID (Barajas)	s.			00,30	00,30	00,30	00,30
		LU	MA	MI	JU	VI	SA
	ll.			23,00	23,00	23,00	23,00
PARIS (Orly)	s.		21,20		21,20		
	ll.		20,00		20,00		
LONDRES (Heathrow)	s.		18,10			20,00	
ROMA (L. Da Vinci)	s.	23,30		21,00			21,00
	ll.	22,15		19,45			19,45
ZURICH (Kloten)	s.	20,00		17,30			
	ll.	19,00					

Lección 9

1 ¿Quién es? ¿Dígame?

A – ¿Dígame?

B – ¿Está la señorita Ana, por favor?

A – Sí, soy yo.

B – Soy Hernández.

A – Ah, sí, dígame.

B – Quería decirle que salgo mañana de viaje y tengo que verla antes para hablar de su contrato de trabajo.

A – Esta tarde he quedado con unos amigos, pero no importa. ¿A qué hora quiere Vd. verme?

B – A las siete.

A – ¿A las siete? Bueno, voy a llamar para decirles que no puedo. De acuerdo.

B – ¡Cuánto lo siento! Pero tiene que ser hoy mismo.

A – Entonces, hasta luego, señor Hernández.

2 Ya es tarde

A – Tengo que cambiar dinero.

B – Ya es muy tarde. Los bancos han cerrado ya.

A – ¿Y a qué hora vuelven a abrir?

B – No lo sé exactamente. Pero puedes cambiar también en Galerías Preciados.

A – ¿Qué es eso?

B – ¿Galerías Preciados? Son unos grandes almacenes.

3 Llegamos a tiempo

A – ¿A qué hora sale el tren?

B – A las quince treinta y cuatro (15.34).

A – Ay, ya son las tres, no quiero llegar tarde.

B – No se preocupe Vd. Si toma un taxi, llega a tiempo. Hasta pronto, y buen viaje.

RENFE INFORMA:
Madrid-Alicante en 5 horas.

Con los nuevos servicios especiales de
verano, usted llega a Alicante directo. Sin atascos. En poco más de cinco horas.

Horarios	
Salida de Madrid-Atocha	8,45 horas
Llegada a Alicante	14,10 horas
Salida de Alicante	15,55 horas
Llegada a Madrid-Atocha	21,20 horas

Fechas de circulación: 8, 9, 15, 16, 29, 30 y 31 de Julio; 1, 2, 3, 4, 5, 6, 12, 13, 15, 16, 19, 20 y 31 de Agosto.

Este tren enlaza con los autobuses a las playas de Villajoyosa, Benidorm, Altea y Caspe.

Además continúan en servicio todos los trenes regulares a Alicante.

Reserve ya sus plazas para los
trenes Rápidos Especiales a Alicante,
en Renfe o en las Agencias de Viaje.

RENFE

4

RENFE (Red Nacional de los
Ferrocarriles Españoles) informa:

a. ¿En qué días hay trenes especiales para
   Alicante?
b. ¿A qué hora salen?
c. ¿Qué día es hoy / a cuántos estamos hoy?
d. Entonces, ¿cuándo hay el próximo tren
   especial para Alicante?
e. ¿A qué hora sale el tren especial de
   Alicante para Madrid?
f. ¿A qué hora llega?

5 Va a hacer un día estupendo

A – Mañana salimos de excursión a la
    Cordillera Blanca. Hay que levantarse a
    las cinco.

B – ¿A las cinco? ¡Qué barbaridad! ¡Tan
    temprano!
A – Sí, pero vale la pena, va a hacer un día
    estupendo.

¿Qué tiempo hace?
¿Qué tiempo ha hecho?
¿Qué tiempo va a hacer?

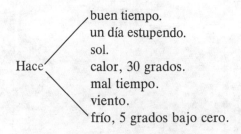

Hace
- buen tiempo.
- un día estupendo.
- sol.
- calor, 30 grados.
- mal tiempo.
- viento.
- frío, 5 grados bajo cero.

Llueve mucho.	Ha llovido mucho.	Va a llover.
Nieva todo el día.	Ha nevado todo el día.	Va a nevar.
Hace buen tiempo.	Ha hecho buen tiempo.	Va a hacer buen tiempo.

a. ¿Qué tiempo hace hoy?
b. ¿Cuántos grados hace hoy/tenemos hoy?
c. ¿Qué tiempo ha hecho esta semana?·
d. ¿Qué tiempo cree Vd. que va a hacer mañana?
e. ¿Qué tiempo cree Vd. que va a hacer el fin de semana?
f. ¿Qué tiempo hace de momento en el Sur de España?

LA CONTAMINACION, HOY

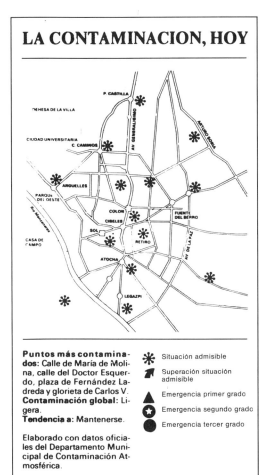

Puntos más contaminados: Calle de María de Molina, calle del Doctor Esquerdo, plaza de Fernández Ladreda y glorieta de Carlos V. **Contaminación global:** Ligera.
Tendencia a: Mantenerse.

Elaborado con datos oficiales del Departamento Municipal de Contaminación Atmosférica.

Situación admisible

Superación situación admisible

Emergencia primer grado

Emergencia segundo grado

Emergencia tercer grado

EL TIEMPO

Todavía inestable

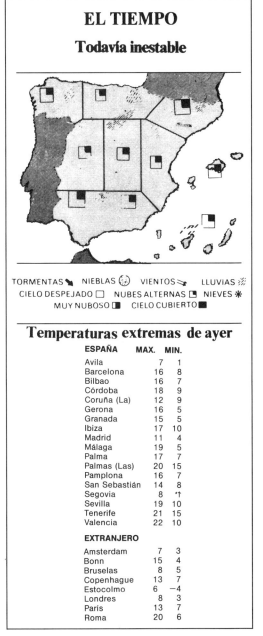

TORMENTAS   NIEBLAS   VIENTOS   LLUVIAS
CIELO DESPEJADO   NUBES ALTERNAS   NIEVES
MUY NUBOSO   CIELO CUBIERTO

Temperaturas extremas de ayer

ESPAÑA	MAX.	MIN.
Avila	7	1
Barcelona	16	8
Bilbao	16	7
Córdoba	18	9
Coruña (La)	12	9
Gerona	16	5
Granada	15	5
Ibiza	17	10
Madrid	11	4
Málaga	19	5
Palma	17	7
Palmas (Las)	20	15
Pamplona	16	7
San Sebastián	14	8
Segovia	8	·1
Sevilla	19	10
Tenerife	21	15
Valencia	22	10

EXTRANJERO		
Amsterdam	7	3
Bonn	15	4
Bruselas	8	5
Copenhague	13	7
Estocolmo	6	−4
Londres	8	3
París	13	7
Roma	20	6

Lección 10

1 ¿Qué le gusta hacer los domingos?

- ¿Y a Vd., qué le gusta hacer los domingos?
- Pues no sé… Nos levantamos tarde, y si hace
  buen tiempo, vamos a dar una vuelta y nos
  reunimos con otros amigos. A veces vamos
  de paseo, y en invierno, al cine o al teatro.
  ¡Todo depende de si estamos a primeros o a
  finales de mes…!

1a ¿Qué te gusta hacer los domingos?

- ¿Y a ti, qué te gusta hacer los domingos?
- Huy, hago tantas cosas… En verano, voy a
  la piscina, y en invierno, a esquiar, sobre
  todo. De todas formas, como durante la
  semana todos los días estoy sentado, estudiando o en las clases, hago algo de deporte.

2 El domingo que viene

– ¿Qué va a hacer Vd. el domingo que viene?
– Pues no lo sé exactamente todavía, pero
generalmente

voy al campo, a la montaña, a la playa
voy a la piscina a bañarme
voy a ver a unos amigos
salgo a comer con unos amigos
voy al fútbol, a los toros
me quedo en casa para leer y oir música
me quedo en casa para ver la «tele»
duermo una buena siesta
☉ ....

3 ¿Qué hace Vd. en su tiempo libre?

– ¿Qué hace Vd. en su tiempo libre?
– Mire Vd., tengo tan poco tiempo libre en
realidad, pero me gusta

hacer fotos, sobre todo diapositivas en color.
leer el periódico o una revista.
leer un buen libro.
oir música, discos, cassettes ....
hacer un poco de deporte.
salir con los amigos.
jugar con mis niños.
tocar la guitarra.
no hacer nada y descansar.

3a ¿Qué deporte haces tú?

A – ¿Tú haces algún deporte?
B – Prácticamente ninguno. Me gustaría
esquiar, pero ya sabes que en España
resulta caro...
Pero cuando tengo tiempo, hago fotos,
oigo música o leo, salgo con mis amigos
o juego al ajedrez con ellos...
A – ¿Vas al fútbol?
B – No, no voy nunca, a los toros tampoco.

⊙ Aprenda sólo las palabras que le interesan:

nadar.
jugar al tenis.
esquiar.
Me gusta — jugar al fútbol.
montar a caballo.
montar en bicicleta.
....

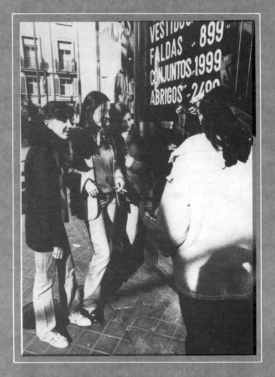

4 El tiempo va a cambiar

– ¿Qué ha dicho la radio del tiempo para
  el fin de semana?
– No sé, no la he oído. Pero Paco dice
  que va a cambiar.
– Entonces, digo yo, es mejor que no
  vayamos a Navacerrada de excursión…

⊙ **La juventud española en su tiempo
libre**

A la pregunta «¿Qué te gusta hacer en tus
ratos libres?», de 3.252 jóvenes entre los 15 y
los 20 años, la mayoría han contestado que
prefieren las ocupaciones «activas», como
– salir al campo
– hacer deporte
– tocar un instrumento musical
– salir con la novia o los amigos.

Los menos prefieren pasar el tiempo de una
forma más «pasiva», como
– escuchar música
– ver la televisión
– ir al cine o teatro
– leer.
El 30% de los jóvenes lee el periódico
diariamente. Las revistas más leídas son
«Cambio 16», «Interviú», y «Semana».

Lección 11

LOS CARACOLES

BOFARULL HNOS

Escudellers, 14 – Tel. 302.32.85 – 258.20.41 – BARCELONA -2-

Servicio continuo desde la una del mediodía hasta la una de la madrugada

MINUTA

Caracoles
Ensalada mixta con huevo duro
Espárragos al natural con mahonesa
Jamón
Surtido de fiambre
Gazpacho

Consomé
Sopa de pescado
Paella
Tortilla española

Merluza frita o al horno
Rape a la marinera
Calamares a la romana
Langostinos
Gambas frescas a la plancha
Fritura de pescado

Bistec con patatas
Lomo de cerdo con patatas
Entrecot de ternera con patatas
1/2 conejo
Cordero asado
Costillas de cordero

Fruta variada natural
Melocotón en almíbar
Flan al ron
Queso manchego
Café exprés
Licores

Vinos recomendados:
Bodegas TORRES,
casa fundada en 1870

VINA SOL:	mariscos
ROSADO:	pescado
TRES CORONAS:	parrilla
SANGRE DE TORO:	vino tinto de gran carácter

1 ¿Me trae el menú?

A – Buenos días, señor.

B – Por favor, ¿me trae el menú?

A – Sí, aquí lo tiene.

B – ¿Qué me recomienda?

A – El plato del día.

B – ¿Y qué es?

A – Gazpacho, ternera asada o pollo con patatas fritas y ensalada. Y de postre, fruta, flan o helado.

B – ¿Y qué es gazpacho?

A – Es una especie de sopa fría, picante, hecha con tomate, pepino y pimiento. Es muy refrescante. ¡Le gustará mucho con este calor!

B – De acuerdo, ¡tráigamelo! La carne, ¿no tiene mucha grasa?

A – No, señor, es muy buena. ¿Y de beber?

B – Un vino blanco de la casa.

A – Gracias.

2 Hay que saber adónde ir

A – Le invito a cenar, ya he reservado una
    mesa.
B – Hombre, ¡qué bien!, muchas gracias.
A – Vamos a «Los Caracoles», es un
    restaurante muy famoso, tienen muchos
    platos típicos, sobre todo de mariscos y
    de pescado. Ya sabe Vd. que la cocina
    española es excelente. Desde luego, hay
    que saber adónde ir.
B – Y en su casa, ¿qué comen generalmente?
A – Pues depende. De primer plato, por
    ejemplo, una sopa de verdura, luego un
    plato de carne o pescado. Los domingos,
    encargamos de vez en cuando una paella.
    Y después, claro, siempre café para
    terminar.

3 En un bar

– ¿Qué les traigo, señores?
– Dos cervezas, una Coca Cola, y un jugo de
   naranja.
– ¿Quieren alguna tapa? Tenemos aceitunas,
   mejillones, y unas gambas al ajillo
   riquísimas.
– Bueno, vamos a probar esas gambas.
   Y traiga Vd. la cuenta al mismo tiempo,
   por favor. No tenemos mucho tiempo.
– Vale.

   – Algún refresco. ¿Qué tienen?
   – Una botella de agua mineral.
   – Un vino tinto/un vino blanco.
   – Un jerez dulce/seco.
   – Una sangría.
   – Un té con limón.
   – Un café solo / un café con leche.
   – ⊙ .....

4 No tengo hambre

– Son las dos. ¿Quieres que comamos ya?
– Con este calor no tengo hambre. Lo que
  tengo es una sed enorme.
– ¿Qué te parece si te preparo una ensalada
  de tomate y lechuga?
– Es lo mejor. Y si tengo hambre, después
  tomo un bocadillo.

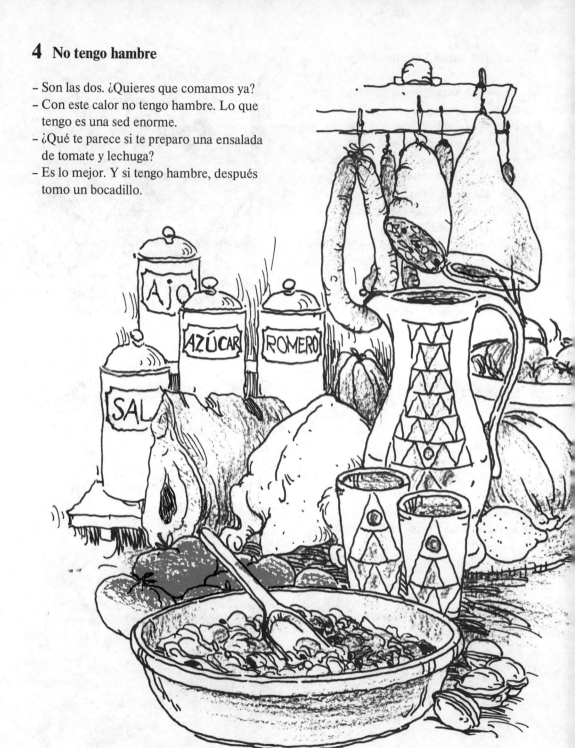

⊙ El arte de comer 🔊

No es humilde, sino artístico el cocinar en España, y ya Santa Teresa decía, astutamente, que «Dios anda también entre los pucheros»…
«Soy muy feliz guisando» – dice Mayte, propietaria del «Mayte Commodore», uno de los restaurantes mejores de Madrid. Y hay que creerle, porque los domingos, en vez de descansar, prepara sus especialidades en casa, para sus amigos, por el simple gusto de cocinar. También uno de los españoles más brillantes de nuestro tiempo, Gregorio Marañón, empieza así su libro «El alma de España»: «En este libro fundamental sobre España no podía faltar un capítulo sobre la cocina española.» Una cocina muy sencilla, pero que necesita su tiempo. El «ahora mismo se lo traigo» que oímos en tantas cafeterías hoy día, no le va. La sencillez y la rapidez sólo van juntas en las comidas de los pastores: pan, queso y vino.

Lección 12

1 ¿Quiere que le deje algo?

– Huy, estoy casi sin dinero. ¡Siempre me pasa lo mismo! Y me doy cuenta precisamente cuando no se puede cambiar en ningún sitio ....

– No se preocupe. ¿Quiere que le deje algo? Yo tengo suficiente, ¿cuánto necesita?

– Pues, es sólo hasta mañana. Si puede dejarme mil pesetas, o mejor dos mil ....

– Eso no es ningún problema, aquí las tiene.

2 Si quiere, le acompaño

– Mañana hay un concierto de guitarra de Narciso Yepes.

– ¿A qué hora?

– No lo sé todavía, tengo que preguntar.

– Si le parece, le acompaño y lo miramos en un momento. Yo, de todas formas tengo que pasar muy cerca del teatro. A lo mejor voy también, me interesaría.

Si le parece,
llamamos por teléfono al teatro.
pasamos por el teatro.
vamos a preguntar si quedan entradas.

NARCISO YEPES

24 ESTUDIOS de FERNANDO SOR

El puerto de Buenos Aires

3 ¿Quiere Vd. que le acompañe?

- ¿Ya sabe el horario de los autobuses?
- No, desgraciadamente he olvidado informarme.
- ¿Quiere que le acompañe a la estación y que lo miremos?

¿Quiere que
- llamemos por teléfono a la estación?
- pasemos por una agencia de viajes?
- le lleve a la estación en mi coche?
- vayamos a la estación para sacar el billete?

4 No se moleste Vd.

- ¿Quiere Vd. que nos informemos en la estación y saquemos el billete?
- No, déjelo. Hay muchos trenes que salen en dirección a Madrid . . .

- ¿Quiere que . . .?
- No, déjelo, mañana lo haré yo mismo.
- No, muchas gracias, no se moleste Vd.
- No, es Vd. muy amable, pero no es necesario.

5 ¿Puede Vd. hacer algo por él?

Vd. va a Buenos Aires la semana que viene. Su compañero de trabajo ha estado varias veces allí. El va a ir quince días después de Vd. Allí tiene contacto con un señor Montoya. A ver si Vd. puede hacer algo por su compañero:

Vd. podría
- llamarle desde Buenos Aires.
- reservarle un hotel.
- informarse sobre algunos problemas de importación y exportación.
- visitar a alguien.
- hablar con el señor Montoya.
- llevar algo al señor Montoya.
- ⊙ . . . . . .

Vd. habla con su compañero:
- ¿Quiere Vd./Quieres que _____ ?

6 Comprensión auditiva

Vd. ha olvidado un reloj en el hotel y llama por teléfono. Escuche lo que le dicen.

	¿Lo dice?	
	sí	no
Van a buscar.	☐	☐
Han encontrado el reloj.	☐	☐
Probablemente Vd. se ha dejado otra cosa más.	☐	☐

Instrumentos musicales indios:
Mohoceño o tocoro 1
Quena 2
Pututu 3
Arpa de los Andes 4
Sicus y charango 5

⊙ El folklore musical en los Andes

La música ha sido siempre un elemento muy importante en la vida de los indios de Ecuador, Bolivia y Perú. Ya relatos españoles del siglo XVI hablan de la musicalidad de este pueblo, de la gran variedad de sus melodías y canciones. Los indios quechuas y aimarás han conservado intactas gran parte de ellas a través de los siglos. Por eso las podemos oir todavía hoy día, también en numerosos discos. Acompañadas con los instrumentos musicales originales, son de una gran alegría y belleza…

5

Lección 13

1 En una librería

- Señorita, ¿han llegado ya los dos libros y la guía sobre Perú que le he encargado?
- Los libros ya los tenemos. Se los puedo dar ahora mismo. Pero la guía todavía no. Si quiere, se la puedo mandar por correo. Seguro que llega esta semana.

2 En el mercado del puerto

- ¡Qué mariscos tan frescos!
- Acaban de llegar hace una hora del mar…
- ¿Cuánto cuesta el kilo de langosta?
- Dos mil novecientas ochenta.
- ¿Cómo ha dicho? Dos mil nove…
- Dos mil novecientas ochenta pesetas. Sí, señor, sí. El pescado ha subido este verano muchísimo.

Una librería en Madrid

Comprando mariscos

3 A ver qué tenemos que comprar

– A ver, ¿qué tenemos que comprar?
– Lo tengo apuntado:

> 2 botellas de agua mineral
> 1 litro de leche
> aceite
> pan
> mantequilla
> 1 kilo de azúcar
> 1 paquete de sal
> medio kilo de arroz

4 Quisiera 200 gramos de jamón

– Mañana, el viaje será bastante largo. ¿Nos llevamos algo de comida? Así no perdemos tanto tiempo en un restaurante…
Mira, allí hay una tienda que vende de todo.
(Los dos entran en la tienda.)
Por favor, quisiera 200 gramos de jamón, y un cuarto de kilo de queso, de ése que tiene ahí.
– Sí, enseguida. 200 gramos de jamón…
Y un cuarto de kilo de queso. De éste, ¿verdad?
– Sí. También tienen fruta, ¿no?
– Sí, también tenemos.

⊙ Aprenda Vd. sólo las palabras que le interesan de verdad.

Fruta		*Verdura*	
naranjas	albaricoques	tomates	lechuga (para
plátanos	melones	espinacas	hacer ensalada)
manzanas	cerezas	judías verdes	alcachofas
peras	ciruelas	guisantes	zanahorias
melocotones	fresas	coliflor	

5 Es para un regalo

– ¿Es todo, señora? Se lo meto en una bolsa de plástico.
– No gracias, tengo aquí mi bolsa. Pero la botella de jerez, por favor… Es para un regalo.
– Entonces se la envuelvo con un papel bonito, ¿quiere?

6 Comprensión auditiva

a. Vd. quiere comprar un carrete para sacar fotos. Escuche en el cassette lo que le dicen en una tienda.

	¿Lo dice?	
	sí	no
Tienen material fotográfico, arriba.	☐	☐
Vd. tiene que ir a otra tienda.	☐	☐
Es un poco complicado ir a la otra tienda.	☐	☐

b. Vd. entra en una tienda para comprar algunas cosas: leche, jugos, etc. Escuche en el cassette lo que le dice una chica de la tienda.

	¿Lo dice?	
	sí	no
En la pequeña tienda, la gente compra más o menos como en un supermercado.	☐	☐
Las bebidas las tiene Vd. todas a un lado de la tienda.	☐	☐

⊙ **Canción popular española**

De la uva sale el vino,
de la aceituna el aceite,
y de mi corazón sale
¡ay!, cariño para quererte.

En todo el pueblo se dice
que nos queremos los dos.
Niégalo tú, vida mía,
que también lo niego yo.

⊙ **Gazpacho andaluz**

Ingredientes y cantidades:
Tomates 1/4 kilo
Pimientos 2
Pepino 1/2
Ajo 1 diente
Pan 150 gramos
Aceite 2 cucharadas
Vinagre 2 cucharadas
Sal

Modo de hacerlo:
En un mortero se pone el ajo, el pimiento cortado y un poco de sal. Se machaca. Se añaden los tomates cortados en trozos, el pan mojado y

estrujado. Se mezcla bien. Se añade poco a poco el aceite trabajándolo todo como para una salsa mahonesa. Se añade un poco de agua y se vierte a través de un colador en la sopera. Se va añadiendo agua muy fría (hasta litro y medio). Al final se añade el vinagre y el pepino cortado en cuadraditos pequeños. Se sirve muy frío. (Cuando se quiere hacer rápidamente, se echan todos los ingredientes en una batidora eléctrica. Luego se deja algún tiempo en la nevera o se le añaden cubitos de hielo al servirlo.)

⊙ El alegre día de los muertos

El día de los muertos es en México un día de alegría, una fiesta. Los niños reciben juguetes y dulces que representan cabezas de muerto o esqueletos de chocolate, azúcar o mazapán. Para el indio la muerte no es triste. Ve su vida como una flor que se abre lentamente y se vuelve a cerrar. Quizás por eso nunca se ven tantas flores por todas partes como en ese día.

Algunos pueblos conservan todavía la costumbre de llamar a los muertos con campanas que se oyen en todas partes para invitarlos, mientras se prepara una comida festiva, en una mesa adornada con muchas flores. A la segunda llamada de las campanas, el ama de casa llama a todos los muertos por su nombre para invitarlos a comer. En la mesa ya tienen su parte de comida y bebida reservada y un sitio para sentarse. Se bebe mucho, se hacen visitas, y se come finalmente lo que los muertos han dejado sin comer… Y todos creen que los muertos les han visitado.

Lección 14

1 Carta a un hotel

José Garrigues Muntaner 14 Barcelona

Hotel Carlos I   25 de enero de 1984
Granada

Muy señores míos:

Por favor, ¿ podrían reservar una habitación doble y
una individual, las dos con ducha o baño, para
los días 16 y 17 de febrero próximos?
Atentamente les saluda
José Garrigues

2 En el hotel

– Buenas tardes. He reservado dos habitaciones.
– ¿A qué nombre?
– José Garrigues.
– Señor Garrigues, a ver… Aquí no tengo nada reservado. ¿Está Vd. seguro? Este es el hotel Carlos I.
– Sí, claro, no es la primera vez que vengo. Pero esto no puede ser…

– Ah, sí, aquí está. Está reservado desde mañana.
– Pero había escrito claramente que…
– Sí, sí, aquí tengo su carta también. Nos hemos equivocado en el día. Pero no pasa nada, todo se arregla. Les doy dos habitaciones en el tercer piso. Son muy tranquilas. ¿Quieren llenar la hoja, por favor?

el primer			el sexto	
el segundo			el séptimo	
el tercer	piso		el octavo	piso
el cuarto			el noveno	
el quinto			el décimo	

3 ¿Es suyo?

– ¿Es suyo el coche que está delante de la entrada del hotel?
– Sí, es el mío, ¿por qué?
– Ahí no puede Vd. aparcar.
– Sí. Era sólo un momento para sacar las maletas.
– ¿Quiere que le abra el garaje?
– Sí, por favor, ahora lo voy a meter.

¿Quieres que
meta el coche en el garaje?
te escriba desde Lima?
vuelva mañana?
te haga un bocadillo?
te traiga algo de España?

4 No importa

– Camarero, por favor, ¿nos podría limpiar la mesa? El niño ha tirado el vaso y lo ha puesto todo perdido…
– Sí, un momentito, enseguida lo limpio todo.
– Lo siento mucho.
– No importa, no se preocupe. Ahora mismo le voy a poner un mantel limpio.
– Y tráigale al niño otro vaso de leche caliente, por favor.

5 Servicios: caballeros, señoras

– ¿Los lavabos, por favor?
– Los servicios de caballero, un piso más arriba, subiendo por esa escalera.

6 En un restaurante

– A ver la cuenta… 1.200 pesetas, pues no es caro, ¿verdad? Hay que dejar una propina, el servicio no está incluido. ¿Le doy esto? ¿Qué te parece?
– Sí, creo que está bien.

7 Se han equivocado

– Camarero, por favor, me parece que se han equivocado en la cuenta de la comida. Aquí, ¿ve Vd.? En las bebidas ponen 3 cervezas y 2 cafés, y hemos tomado sólo dos cervezas.

– Ah, sí, tiene Vd. razón. Perdone, ahora mismo le hago otra nota nueva.

8 Una reclamación

– Dígame.
– Oiga, por favor. ¿Hablo con la central? Llamo desde la habitación 37. ¿Me podrían despertar mañana a las siete?
– Sí, señor, naturalmente.

– Otra cosa que quería decirle: La ducha de la habitación funciona bastante mal. ¿Me la pueden arreglar?
– Ay, siempre hay problemas con esas duchas… Sí, ahora le mando a alguien.
– Muchas gracias.

Algunas reclamaciones

La puerta (del balcón) no cierra bien.
La ventana se abre cuando hace viento.
No sale agua, no puedo ducharme.
Faltan toallas, solamente hay una.
⊙ …….

9 Comprensión auditiva

a. Vd. acaba de llegar a un hotel. Ha reservado, por carta, una habitación tranquila, pero la habitación no le parece nada tranquila. Escuche Vd. en el cassette lo que le dicen.

	¿Lo dice?	
	sí	no
Durante la noche pasan muy pocos coches.	☐	☐
Hoy no hay otra habitación libre.	☐	☐
Le preguntan si quiere Vd. cambiar de habitación, si es posible.	☐	☐

b. Vd. está en un hotel. La ducha de su habitación no funciona. Escuche en el cassette lo que le dicen.

	¿Lo dice?	
	sí	no
Ahora mismo va a subir alguien a verlo.	☐	☐
Puede Vd. tomar la habitación 49.	☐	☐
Lo sienten, pero hoy ya no va a funcionar la ducha.	☐	☐

⊙ Puerto Rico

Esta isla del Caribe, con su eterno clima de verano, atrae a gran número de turistas, sobre todo de Nueva York. Muchos se quedan a vivir allí casi todo el año.

Por otro lado, gran número de portorriqueños han abandonado la isla y se han ido a Nueva York, en busca de trabajo, y son allí más numerosos que en San Juan, capital de Puerto Rico…

Todo está en la isla preparado al gusto americano: restaurantes, bares, hoteles, discotecas. Sin embargo, los numerosos museos, palacios, iglesias coloniales, la parte antigua de San Juan, declarada monumento nacional desde 1947, convierten la isla en el centro cultural del Caribe.

Dos vistas de San Juan de Puerto Rico

Lección 15

1 ¿Me enseña otro modelo?

- Quisiera probarme esos zapatos negros que tienen en el escaparate.
- ¿Cuáles?
- Los de la derecha, los que valen 2.200 pesetas.
- ¿Qué número tiene Vd.?
- El 43.
- Lo siento, pero sólo nos quedan números pequeños.
- Entonces, ¿me enseña otro modelo parecido, en mi número?

2 Volveré a pasar

- Por favor, ¿cuánto cuesta ese abrigo de cuero gris? El largo ese . . .
- 19.500 pesetas. ¿Se lo quiere probar?
- Sí, por favor…
  Bueno, es muy bonito, pero lo encuentro un poco corto.
- Ya no se llevan tan largos…
- Pues, no sé, creo que tengo que pensarlo. Volveré a pasar.
- Hasta cuando Vd. quiera.

¿Qué quiere comprar Vd.?

una chaqueta ⊙ una camisa
un jersey   una blusa
una falda   medias
un pantalón   calcetines
un vestido   ropa interior
un traje   un sombrero
    un cinturón
    unas botas
    unas playeras

¿Y qué color prefiere Vd.?

una falda blanca
un abrigo negro
una blusa azul
un vestido verde
un jersey rojo
una chaqueta gris
un pantalón amarillo
una bolsa marrón
un bolso marrón
un jersey color naranja

¿De qué material?

de lana   ⊙ de algodón
de cuero   de seda
de piel   de nylón
de un material
    más fino

2a ¿Qué me pongo hoy?

– Me alegro de que haga tan buen día. Así
   me puedo poner por fin un traje de verano.
   Tenía tantas ganas . . .

3 Me han recomendado una tienda

- Hola, José, ¿qué haces por aquí? Por aquí no te he visto nunca.
- Sí, vivo bastante lejos, pero me han recomendado una tienda que hay en esta calle donde venden máquinas fotográficas de segunda mano, ¿sabes? ¿Tú vienes mucho por aquí?
- Sí, vengo casi todos los días al salir de la oficina a este bar. Es muy agradable.
- Y Juan, ¿qué tal está?
- Pues mira, Juan también suele venir, pero hoy no creo que venga, tiene mucho trabajo de momento.
- Dale recuerdos de mi parte.

¿Qué tiendas le interesan a Vd.?
¿Qué escaparates suele mirar Vd.?

⊙ Canción popular 🎧

De colores, de colores se visten las flores en la primavera,
de colores, de colores son los pajarillos que vienen de fuera,
de colores, de colores es el arco iris que vemos lucir.
Y por eso los grandes amores de muchos colores me gustan a mí.
Y por eso los grandes amores de muchos colores me gustan a mí.

camino de Santiago

De esta canción popular existen varias versiones. Aquí presentamos una. La letra de la página 72 es la que escuchará Vd. en el cassette.

⊙ Santiago

«…y Herodes Agrippa quita la vida con su espada a Santiago, hermano de Juan…» cuenta San Lucas. Y sus discípulos traen sus restos a España a un lugar que más tarde se llamará Santiago de Compostela; son los restos que vuelven a aparecer nueve siglos después.

Según los estudios hechos en 1946 por especialistas bajo el suelo de la catedral de Santiago de Compostela parece ser que se trata verdaderamente de un hecho histórico auténtico. Pero aun dejando la autenticidad de los restos a un lado, lo que importa es el fenómeno histórico, la importancia de las peregrinaciones. La noticia de la aparición de los restos del santo vuela por toda España y el mundo entero, y millones de europeos, africanos y asiáticos llegan hasta Compostela, y su camino se convierte en camino de cultura, de arte, de comercio, de progreso. Hoy no comprendemos este fenómeno. Pero para el hombre de la Edad Media, enormemente religioso, las reliquias le ponían en un contacto casi físico con Dios, con la divinidad; eran como un talismán. Y es el mismo fenómeno que se da con otros lugares de peregrinación: el sepulcro de Confucio para los chinos, Olimpia en el mundo de los griegos, Jerusalén para los hebreos, La Meca para los musulmanes…

▲1

▲2　　　　　　　　　　　　　　　　　　　　　　　　3▼

⊙ El peregrino

El peregrino aparece en numerosas representaciones artísticas, en pinturas y esculturas, a lo largo del camino de Santiago:
con sombrero ancho contra el sol y la lluvia, con gran abrigo para defenderse del frío y la nieve, con zapatos fuertes para el duro caminar, con gran bastón para ayudarle en los caminos difíciles y para defenderse de los animales, con zurrón (gran bolso) para alimentos y dinero, y con una concha en el sombrero, insignia de peregrino...
El peregrino tenía privilegios a su paso por los pueblos. Le afeitaban y le cortaban el pelo gratis. Le daban agua caliente para lavarse. Recibía comida gratuitamente: pan, queso, carne, vino.
Si caía enfermo se le atendía. Y si moría, tenía derecho a un buen entierro.
También los caminos se arreglaban para que el peregrino pudiera andar mejor. Y si se le rompían los zapatos, los zapateros tenían permiso de arreglárselos hasta los domingos.
Todos estos detalles los sabemos del «Codex Calixtinus» de la primera mitad del siglo XII, que puede considerarse como la primera guía turística europea.

4

1 La Catedral de Santiago de Compostela
2 Santiago
3 Santiago de Compostela, vista general
4 Imagen de un peregrino

Lección 16

1 Espero que vengas

– Hombre, Pepe, me alegro de que por fin nos llames. Pero espero que vengas de verdad por aquí a vernos. Tenemos muchas cosas que contarte. Además, no has visto todavía nuestro piso…

2 El piso

Juan y Beatriz se han casado hace tres meses. Su amigo Pepe, después de llamarlos por teléfono, los visita.
(P – Pepe, J – Juan, B – Beatriz)

P – Pero, ¿cómo os habéis venido a vivir a Pozuelo?

J – Pues ya ves, chico, porque el aire de Madrid está cada día peor, y no se tarda nada por la autopista.

B – A mí lo que más me gusta aquí es que hay una piscina para todos, y cuando volvemos de Madrid, después de trabajar, con este calor, me encanta bañarme. Ya no quisiera vivir más en Madrid.

P – ¿Habéis alquilado el piso o es comprado?

J – ¡Comprado, hijo, comprado! Tres milloncetes vale, y buen trabajo nos ha costado reunir el dinero para pagar la entrada. Ahora nos falta el resto, pero para ello dan ocho años para pagarlo poco a poco.

B – Bueno, sólo queríamos alquilar, no comprar, un piso en Madrid, pero, chico, ¡qué precios! Total, pensamos que en realidad lo más barato es esto de aquí.

▲ *Una ciudad dormitorio*
◄ *En el centro de Madrid*

3 Divertirse – y gastar menos

P – Oye, ¡qué simpático tenéis el piso!
¡Me gusta!

J – Pues no hay casi nada nuevo. Todo lo
viejo que había en casa de nuestros
padres lo hemos pintado, arreglado,
cambiado… A Beatriz le encanta
improvisar y coser, así que ella misma ha
hecho las cortinas, hemos arreglado el
sofá y los sillones, enfin…

B – Y no ha sido sólo para gastar menos, la
verdad es que además nos hemos
divertido bastante…

Los muebles más importantes:
la cama (para dormir)
el armario (para meter la ropa)
la mesa (para comer, para escribir, etc.)
las sillas (para sentarse a la mesa)
el sofá y los sillones (para sentarse cómodamente a charlar, a leer, a ver la televisión)

Lo más importante que hay en la cocina:
la cocina eléctrica (para hacer las comidas)
la nevera (para tener al frío las bebidas, la
carne, la mantequilla, etc.)
los platos, las tazas y los vasos, los cuchillos,
los tenedores, las cucharas y cucharillas (para
poner la mesa)

4 Nos arreglaremos bien

P – ¿Sigues de empleada en el Banco de
    Bilbao?
B – Sí, y pienso seguir. A mí me gusta ganar
    mi propio dinero.
P – ¿Y después, con el niño?
B – Tengo suerte, mi madre es bastante joven
    todavía, y la de Juan tampoco es vieja…
    Las dos me han dicho ya que me
    ayudarán, así que creo que nos
    arreglaremos bien.

5 ¿Has dejado de fumar?

B – ¿Pero otra vez has dejado de fumar?
P – Sí, desde hace tres semanas.
B – Pues, ¡me alegro que sea así, hombre!
    Y espero que esta vez no vuelvas a
    empezar. ¡Lo de tus 40 cigarrillos
    diarios es una locura!
P – Era una locura, quieres decir.
B – Bueno, si es así, me alegro por ti…

6 Nada más de alcohol

J – Hombre, quédate un ratito más. Vamos
    a tomar todavía una copa… la penúltima.

P – No, por favor, que tengo que conducir
    todavía. He venido en moto.
J – ¿Pero sólo un vasito más?
P – No, por favor, de verdad que tengo que
    irme. Si no, mañana estoy medio
    muerto.
J – Como quieras…
P – Hala, hasta pronto, y muchas gracias
    por la cena. Ha estado estupenda.

7 Comprensión auditiva

Vd. quiere comprar muebles de jardín. Escuche lo que le dicen en la quinta planta de unos
grandes almacenes, sección de muebles.

	¿Lo dice?	
	sí	no
Tienen muebles de metal, pintados.	☐	☐
También tienen muebles de madera.	☐	☐
Los de madera están pintados en blanco o negro.	☐	☐

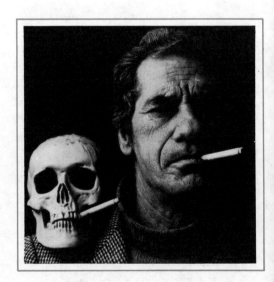

⊙ España con «tabaquitis»

Dos cartas de lectores de la revista «Blanco y Negro» sobre el problema del tabaco

Me parece bien que el Ministerio de Sanidad se ocupe de la salud de los españoles y que los medios de comunicación hablen de la campaña «No queme su salud», pero creo que por mucho que nos digan, millones de españoles seguiremos fumando… Tratar de meternos el terror al tabaco mientras comemos pescado de un mar con un grado de contaminación que va a acabar con la vida de los que lo habitan, respiramos un aire sucio y bebemos aguas también sucias, nos parece contradictorio. Alguien dirá que el fumar es la gota que colma el vaso. Pues muy bien. De algo hay que morir.

Daniel Casas
Madrid

¡Ya es hora! Mi felicitación al Ministerio de Sanidad y Seguridad Social por su campaña contra el tabaco. Porque no puede ser que en un mundo en que se prohibe la droga (y no sólo las llamadas drogas «duras» sino otras como la marihuana, que según los médicos sólo es peligrosa en alto grado de consumo) tengan vía libre, en cambio, el tabaco y el alcohol. Y no olvidemos que éstos producen más muertes que la droga. Pero en fin, ya se sabe que el mundo está loco…

Aurelia Moreno
Valencia

⊙ ¿Estamos acabando con la naturaleza?

Se ha celebrado en todo el mundo la «Jornada del medio ambiente». Si, como dice el «slogan», la naturaleza es igual a futuro, entonces ¿qué nos espera en España, donde tantos animales y tantas plantas – árboles y flores – están desapareciendo, donde las urbanizaciones se comen cada vez más el paisaje, los bosques, el campo, la tierra cultivable…?

Las urbanizaciones se comen el paisaje

Lección 17

1 No hay que hacer siempre lo mismo

(Pepe y Manolo, 18 años)

– ¿En las vacaciones vas a viajar otra vez con tus padres?

– Pues, no lo sé, todavía no me he decidido. No tengo muchas ganas. Ya sabes, ellos siempre visitan castillos, palacios, parques y jardines, museos, y tardan horas en verlo todo…

– Y a ti, eso no te interesa, claro.

– Sí, pero también hay otras cosas en el mundo. No sé…, en el extranjero me interesa primero el ambiente, ver cómo vive la gente, qué piensa, cuál es la opinión que tiene de España, cuáles son sus problemas, si ganan lo suficiente para vivir, qué piensa la gente de su gobierno, en fin… Me gusta viajar de otra forma. ¡No hay que hacer siempre lo mismo!

2 España ya no es tan barata

- Veo que España ya no es tan barata como antes, ¿verdad?
- Pues no, ha subido muchísimo. Lo primero, y lo que más le molesta a la gente, es la gasolina. Yo me acuerdo que una vez subió de 37 a 47 pesetas, de un día al otro, y eso es una barbaridad. Y ya sabe Vd. cuánto cuesta ahora… Aunque claro, eso pasa en todas partes. Y luego, en general, la vida sube mucho. Lo peor es la gasolina y la comida, porque hay otras cosas que uno no necesita tanto, y quien las quiere pagar, ¡que las pague!, ¿no? Pero

verdaderamente, con la gasolina sube todo lo demás, los autobuses y todo eso, y lo de la comida es grave, claro.
- Pero la gente en general gana mucho más que antes, ¿no?
- Sí, claro, los salarios y los sueldos han aumentado muchísimo si los compara Vd. con los de hace 15 años, por ejemplo. También las pensiones de las personas mayores han aumentado, pero, claro, lo importante es la relación entre lo que gana una persona y lo que tiene que pagar cuando va a la compra. Si esta relación está mal, es la inflación completa, ¿no?

Autopistas y
carreteras principales

3 Lo hemos pasado bien

– ¿Cuánto han tardado Vds. de Barcelona a Valencia? Han venido por la autopista, ¿no?
– No, esta vez nos hemos tomado mucho tiempo y hemos viajado por la carretera nacional. Son algunos kilómetros más, pero vale la pena porque se ve mucho más de la región. Es que tenía ganas de viajar como antes, cuando tenía más tiempo y cuando no había autopistas, pasando por pueblos, tomando un café aquí y una cerveza allí… En fin, lo hemos pasado muy bien.
– Tiene Vd. razón. A mí no me gusta tampoco ir siempre por la autopista. Es bastante aburrido.

¿Cuándo prefiere Vd. la autopista?
¿Cuándo prefiere Vd. la carretera?

Un pueblo del camino

4 Comprensión auditiva

En la gasolinera

a. Vd. se da cuenta de que su coche va cada vez más despacio. Vd. pregunta en una gasolinera. Escuche lo que le dicen.

	¿Lo dice?	
	sí	no
Hace falta reparar algo, y costará caro.	☐	☐
No es gran cosa, pueden arreglarlo en poco tiempo.	☐	☐
Después, el coche va a necesitar menos gasolina.	☐	☐

b. Vd. no está seguro si es mejor tomar la autopista o no. Pregunta Vd. en la gasolinera. Escuche lo que le dicen.

	¿Lo dice?	
	sí	no
Va a tardar Vd. igual por la autopista que por la carretera general.	☐	☐
De momento hay poco tráfico por la carretera.	☐	☐
La autopista no cuesta nada.	☐	☐

ZUMAQUE 1
EL POZO QUE INICIO LA
ERA DE LA PRODUCCION
COMERCIAL EN EL PAIS

LA INDUSTRIA PETROLERA
SE INCORPORO AL PROGRESO
DE VENEZUELA AL COMENZAR
SU PRODUCCION EL DIA
31 DE JULIO DE 1914

⊙ El petróleo de Venezuela

Un geólogo venezolano, hace ya algún tiempo, ha dicho que en Venezuela hay tantas reservas de petróleo como en todos los países del mundo entero juntos. Millares y millares de toneladas, lo suficiente para todos en los próximos treinta años…

La noticia es exacta e inexacta al mismo tiempo. Se sabe ya desde hace 50 años que al norte del río Orinoco hay unas reservas increíbles. Pero se trata de aceite pesado cuya transformación en gasolina o aceite para calefacción cuesta millones de dólares y muchos años de trabajo, porque presenta enormes dificultades técnicas.

De todas maneras, Venezuela es uno de los mayores exportadores de petróleo y uno de los primeros. Ya en 1914 se encontró petróleo en el lago de Maracaibo. Actualmente, el 90% de la producción se exporta a los Estados Unidos. El petróleo ha hecho rico al país, y lo hará todavía más. Pero en Caracas, donde viven dos millones y medio de sus habitantes, los rascacielos están rodeados de las cabañas de los «slums». El petróleo crea riquezas para unos pocos y para el Estado, pero no crea puestos de trabajo para los muchos que los necesitarían…

Paisaje andaluz ▼   *Pueblo andaluz* ▶

⊙ Andalucía

Lejos, muy lejos de la Andalucía del baile y cante flamenco que todos conocen está la Andalucía real, la del hambre, la que tiene el paisaje económico más triste de España. El campo no puede dar trabajo para todos. Y hoy día, pasado el «boom» turístico que dio trabajo en la construcción a miles de hombres, el problema del paro es gravísimo, pues además, el 50% de ellos no tiene ni seguro de paro. Sólo una industrialización fuerte, aprovechando las materias primas, podría solucionar el problema tan urgente. El problema andaluz es un problema nacional, tan grave como el terrorismo del País Vasco, y en un futuro no lejano será mucho más grave, pues la desesperación andaluza ha llegado a su límite.

Lección 18

1 Ayer

– ¿Qué tal ayer en Avila?
– Nos divertimos mucho todos juntos, pero con el tiempo tuvimos una mala suerte enorme y nos llovió. Fue una pena, nos mojamos como pollos y acabamos la excursión metidos en un café.
– ¡Qué suerte que no fui con vosotros! ¿Fue Antonia?
– No, ella tampoco pudo venir. ¿Y tú qué hiciste? ¿Te quedaste en casa?
– Sí, por la mañana estuve leyendo tranquilamente unos periódicos, luego tuve que arreglar la bicicleta que se me había roto, y durante la semana no tengo tiempo de hacer nada. Y por la tarde me llamó Joaquín y salí con él a dar un paseo. Total que no hice nada de especial.

– Yo creí que ibas a salir con Pepe y con Teresa…
– No, quedaron en llamarme, pero no lo hicieron. Seguramente tuvieron otra vez de visita a sus padres. ¡Se presentan siempre sin llamar!

2 El domingo pasado

– ¿Qué hiciste/qué hizo Vd. el domingo pasado?

– Pues,
  me levanté tarde.
  me lavé el pelo.
  visité a mis padres.
  escuché la radio.
  escribí varias cartas.
  salí en bicicleta.
  volví tarde a casa.
  dormí una buena siesta.
  ☉ ……

Vista de Avila

– Y tú, ¿qué hiciste? / Y Vd., ¿qué hizo?

– Pues yo
- estuve todo el día en casa.
- estaba malo y no pude salir.
- hice algunas cosas sin importancia.
- tuve que arreglar algunas cosas que no funcionaban…
- fui al lago a bañarme.
- ⊙ …….

⊙ Canción cubana

Nunca podré morirme,
mi corazón no lo tengo aquí,
ella me está esperando,
me está esperando que vuelva allí.
Cuando salí de Cuba,
dejé mi vida, dejé mi amor.
Cuando salí de Cuba,
dejé enterrado mi corazón.

3 ¿Por qué no llamasteis?

```
Queridos Teresa y Pepe:

¿Por qué no llamasteis ayer?
¿Os olvidasteis de mí o tuvisteis
otra vez visita? Sentí mucho no
veros como habíamos pensado.

Un abrazo, Luis
```

4 ¿Qué hicieron Vds.?

– ¿Qué hicieron Vds./qué hicisteis?

– Bueno,
- nos levantamos temprano.
- salimos de paseo.
- comimos en casa.
- tuvimos que visitar a mis padres.
- estuvimos en casa.
- no hicimos nada especial.
- no pudimos salir.
- fuimos al cine.

5 ¿Dónde nació Vd.?

– De dónde es Vd.? ¿Dónde nació?
– ¿Yo ? Nací en Lima, pero mis padres
vinieron a Europa cuando yo tenía siete
años.

La cosecha de la caña de azúcar en Cuba ▼
La Habana, capital de Cuba ▼▼

⊙ La siesta

A la siesta se le ha llamado «el yoga español». Y ya dice el refrán: «Después de comer ni un sobre leer»... Por eso, en las horas de calor, el turista puede observar algunas variedades de la siesta: siestas sobre los bancos de las calles, siestas bajo los árboles de los parques, siestas sobre el suelo, de los obreros que hacen una pausa, siestas en cafés oscuros, siestas en las terrazas de los bares... Lo que no ve el turista, claro, son las siestas «secretas» de aquellos que se avergüenzan del sueño como de una debilidad... Pero en general, el poder dormir, así «por las buenas», se considera como un regalo del cielo. «Uno duerme cuando tiene sueño», suele decir Salvador Dalí. Y tiene razón. En fin, ¡dejemos de reirnos de la siesta como de un defecto típico español!...

¿Un defecto español? ▼
Pablo Neruda ▶

⊙ Un buen amigo 👓

En Buenos Aires conocí a un escritor argentino, muy excéntrico, que se llamaba o se llama Omar Vignole. No sé si vive aún. Era un hombre grandote, con un grueso bastón en la mano. Una vez, en un restaurante del centro donde me había invitado a comer, ya junto a la mesa, se dirigió a mí y me dijo con voz estentórea que se escuchó en toda la sala: «¡Sentáte, Omar Vignole!» Me senté con cierta incomodidad y le pregunté de inmediato: «¿Por qué me llamas Omar Vignole, a sabiendas de que tú eres Omar Vignole y yo Pablo Neruda?» «Sí – me respondió – pero en este restaurante hay muchos que sólo me conocen de nombre, y como varios de ellos me quieren dar una paliza, yo prefiero que te la den a ti.»

(Del libro «Confieso que he vivido», memorias de Pablo Neruda, chileno, Premio Nobel de Literatura).

⊙ El Museo del Oro de Bogotá

El Museo del Oro, situado en el centro de la capital de Colombia desde 1938, reúne la mayor colección de objetos de oro de arte indio del mundo, unos 18.000. El Museo trata de salvar y conservar en todo lo posible los restos de este arte antiquísimo.

Ya desde tiempos muy antiguos, los indios colombianos conocían la técnica de trabajar el oro e incluso la de mezclarlo con otro metal, el cobre. La materia prima se encontraba en los ríos en forma de polvo o pequeños granos, y en cada región se trabajaba con una técnica un poco diferente y un estilo propio.

Los objetos acompañaban frecuentemente a los muertos en sus sepulcros. Representaban o bien máscaras, la cara o el cuerpo del muerto, o bien animales en los que el muerto después podía seguir viviendo. Siglos más tarde esos sepulcros han sido abiertos, poco a poco, y toda esa riqueza del arte precolombino ha salido a la luz del día.

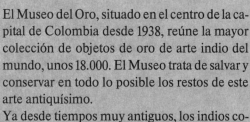
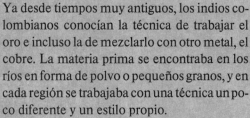

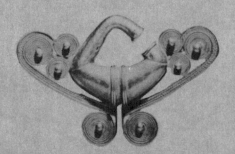

Lección 19

1 Quería comprar sellos…

- ¿Me podría decir dónde está Correos?
- Huy, es un poco complicado explicarle cómo puede ir desde aquí. Tiene que coger el Metro…
- Quería comprar sellos…
- Ah, entonces los puede comprar en cualquier estanco. Allí, detrás de aquella iglesia, hay uno.

⊙ **En la oficina de Correos**

- Por favor, sellos para estas tres postales y esta carta. No sé de cuánto tienen que ser. La carta, certificada por favor.
- Aquí tiene los sellos. La carta certificada, en la ventanilla de al lado, por favor.

Quisiera mandar 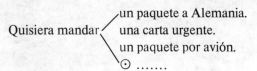 un paquete a Alemania.
una carta urgente.
un paquete por avión.

⊙ …….

¿Cuánto va a tardar, más o menos?
¿Cuándo llegará?

2 ¡Qué postales más bonitas!

- ¡Qué postales más bonitas has comprado! ¿Cuánto te han costado?
- 15 pesetas cada una.
- ¿Has pensado también en Pepe? Hay que mandarle una, el año pasado se quedó muy desilusionado porque se nos olvidó escribirle…

CHINCHERO, Paisaje Serrano, con cultivos
The typical Andean landscape
CUSCO — PERU

Querido Pepe:
¡Lo estamos pasando de miedo! Y tú, pobre de ti, en casa estudiando y solo… El domingo volvemos ya. Hasta pronto.
Abrazos
Juan y Carmen

Sr. D.
José Rodríguez
Carretas, 14
Madrid 16

1975
SELLO
POSTAL
0125

90

RECUERDO DE MADRID

– ¿Por qué escribe Vd. postales a sus amigos?

– Para
- darles una alegría.
- decirles que estoy bien.
- decirles que estoy pensando en ellos.
- ⊙ ....

– Para que
- ellos también me escriban.
- sepan dónde estoy.
- sepan que pienso en ellos.
- no se olviden de mí.
- no crean que me olvido de ellos.
- ⊙ ....

3 Servicio automático de teléfonos

– Tengo que llamar a Berlín, para decir a mis padres que se me ha acabado el dinero.
– Se van a poner muy contentos con la noticia.
– No creo que se enfaden. Me querían dar algo para el viaje, pero yo estaba convencida de que con mi dinero bastaba.
– Bueno, ¿sabes llamar desde aquí? Es muy sencillo, puedes llamar directamente. Primero, para Alemania, el prefijo es 07–49.
– El prefijo de Berlín es 030.
– Entonces, 07 - 49 - 30, y después el número de tus padres. Y oye, acuérdate de saludarlos de mi parte.

4 Vamos a escribir una postal

¿Vamos a escribir una postal a nuestro amigo José en Barcelona?
(Granada – hotel bonito – 35 grados – visitar la Alhambra – todavía más bonita que en las fotos – grupo simpático – entenderse bien…)

5 Comprensión auditiva

En casa de su amigo español, Vd. coge el teléfono porque él no está. Escuche Vd.

	¿Lo dice?	
	sí	no
El nombre del amigo que llama es Juan Carlos.	☐	☐
El amigo llegará un día más tarde.	☐	☐
Va a llamar otra vez si puede.	☐	☐
Su número de teléfono en Sevilla es el _____.		

6 Ejercicio de comprensión

Vd. recibe la siguiente carta de un compañero de la oficina.

Querido Manuel:

He intentado telefonearte, sin
éxito, desde Cadaqués para de-
cirte que no podré estar de
vuelta la semana próxima en la
oficina como tendría que hacerlo. Pero el niño se ha puesto
enfermo con fiebre y en estas
condiciones no quiero salir de
viaje de momento, aunque según
el médico de aquí no se trata
de nada grave. Ya he puesto
también un telegrama a la oficina para decirlo. Pero quería
decírtelo a ti también.
Siento daros más trabajo con
este retraso en la oficina,
pero espero que todo se arre-
glará a mi vuelta.
Hasta pronto, un abrazo para
ti y saludos afectuosos a
Paloma.

Angel

¿Lo escribe?

	sí	no
Su amigo volverá a la oficina la semana que viene.	☐	☐
Su niño no está bien.	☐	☐
Ya ha informado a la oficina de lo que pasa.	☐	☐
Cree que de momento no hay mucho trabajo en la oficina.	☐	☐

⊙ Pueblos olvidados

Como por ejemplo Valdemorillo, 85 habitantes, provincia de Cuenca. La gente se fue poco a poco.

Antes eran ricos, tenían un bosque. Les hicieron una carretera y se llevaron la madera…
Cuando se acabó el bosque se acabó la gallina de los huevos de oro. Como otros muchos pueblecitos, Valdemorillo se va quedando vacío, aislado, olvidado. Y la televisión, esa «ventana idiota» como la llama uno de allí, es el único punto de contacto con el exterior.

Los vecinos comentan al periodista de una revista:

– Estamos abandonados de la mano de Dios y de los partidos políticos. Y este pobre alcalde ni nos informó de que había elecciones… Claro, ¡que cómo se va a enterar de algo si es pastor y se pasa la vida en el campo comiendo y durmiendo con sus ovejas!

– No tenemos ni una ambulancia para un caso urgente. Y las aspirinas las tenemos que comprar en la única tienda que tiene el pueblo…

– …y que está casi siempre cerrada porque la dueña come, como todos nosotros, de lo que ella misma planta en el campo.

– Y los partidos políticos no se interesan por nosotros, y mira que aquí al primero que venga, blanco, rojo o negro, y se ocupe un poco de nuestros problemas le votamos en masa…

⊙ Capitales latinoamericanas, el año 2000

Según los últimos estudios de expertos sobre la emigración, el movimiento de habitantes del campo y pueblos pequeños en dirección a las grandes capitales va a crear, dentro de algunos años, problemas muy graves.

Como ejemplo de la velocidad con que aumenta la población, se cita el caso de Ciudad de México, que contaba en 1950 con 2.900.000 habitantes, pasó en 1975 a 10.900.000, y en 1979 contaba ya con más de 14 millones... Se cree que para el año 2000 tendrá unos 30 millones.

Las Naciones Unidas cuentan con que en el año 2000 un 40% de la población total de Lima estará formada por la gente que vive en slums, así como en Santiago de Chile una tercera parte vivirá también así, por no nombrar más que dos ejemplos entre muchos...

Los expertos distinguen, sin embargo, dos tipos de recién llegados a las capitales: uno, que se reúne en barriadas cerca de la ciudad, en casas de tipo pobrísimo, pero que llega lleno de optimismo e ilusiones, con su familia, con ganas enormes de trabajar y aprender, de encontrar una vida mejor, y que traen un elemento de alegría y productividad; el segundo tipo es el de los desesperados, que acaban en los slums, en medio de la pobreza, las enfermedades y la suciedad más absoluta.

¿Cómo se va a resolver el problema? Nadie lo puede prever. Pero se dice que los modelos de otras grandes ciudades industriales, en otros países, que atrajeron en su momento gran cantidad de gente, no sirven para el caso de Latinoamérica. Latinoamérica tiene que encontrar su propio camino . . .

▲ 1 ▼ 2

Dos vistas de La Paz (Bolivia) 1+2
Bogotá 3
Lima – «pueblos jóvenes» 4

Lección 20

¿Cuándo hará Vd. el viaje?
¿Cuándo me dirá Vd. la dirección de su hotel?
¿Cuándo podrá Vd. salir conmigo?
¿Cuándo tendrá Vd. más tiempo?
¿Cuándo vendrá Vd. a vernos?
¿Cuándo comprará Vd. un coche nuevo?

¿Cuándo dejarás de fumar?
¿Cuándo nos enseñarás tus diapositivas?
¿Cuándo me escribirás?
¿Cuándo nos invitarás por fin?
⊙ ....

1 ¿Cuándo lo verá?

- ¿Cuándo verá Vd. al señor Balsalobre?
- Probablemente mañana.
- Cuando lo vea, le da un saludo de mi parte y le dice que me llame, por favor.

- ¿Cuándo lo hará Vd.?

    Cuando tenga tiempo.
    Cuando haga mejor tiempo.
    Cuando deje de llover.
-    Cuando tenga más dinero.
    Cuando venga mi amigo a ayudarme.
    Cuando haya terminado este trabajo.
    Cuando Vd. quiera.
    ⊙ ....

2 Perdone Vd. que no le haya escrito

- ¡Ah!, ¿qué tal, señor Aguilera? ¡Cuánto me alegro de encontrarle! Por cierto, ¿no ha recibido Vd. mi carta?
- Sí, por Dios, perdone Vd. que no le haya contestado, pero resulta que he estado enfermo...

              que no haya contestado a
                  su carta, pero...
              que le haya hecho esperar
                  tanto, pero...
              que llegue tarde, pero...
Perdone Vd.   que se me haya olvidado
                  llamarle, pero...
              que no le haya abierto la
                  puerta, pero...
              que no vaya con Vds., pero..
              ⊙ ....

3 Lo siento, pero…

– Siento mucho que no puedas salir conmigo. Me hubiera gustado dar un paseo contigo.
– Más lo siento yo, pero es que…

…he quedado ya en acompañar a mi madre al médico.

…Carmen ha sacado entradas para ir al teatro conmigo.

…tengo un examen pasado mañana, y como no estudié anoche…

…estoy cansadísima, tengo un trabajo enorme de momento en la oficina.

…estoy invitada a un cumpleaños.

…mi hermano ha vuelto de Francia, y estamos todos juntos.

⊙ …….

4 Tuve un accidente

– Llega Vd. con retraso. ¿Ha tenido un buen viaje?
– Sí, excelente. He conocido en el coche restaurante a un señor que me ha contado bastante sobre la situación social en España. Ha sido para mí muy interesante.
– Perdone que no le ayude con las maletas, desde mi accidente no puedo llevar nada pesado.
– ¿Ha tenido Vd. un accidente?
– Sí, ya hace dos meses. Choqué con otro coche en un aparcamiento. Pero vamos a darnos prisa, si no, no quedará ningún taxi libre a la salida.
– Me alegro de que haya venido a buscarme…

⊙ Emilio Muñoz, 16 años, profesión: torero 👀

Casi un niño. Un niño que juega a los toros desde los nueve años, cuando sus amiguitos jugaban a indios y cowboys, y que decía: «Cuando sea mayor, seré torero.»

– ¿Eres ya «mayor», Emilio?

– Hay que ser hombre para hacer frente al toro.

– Pero tú eres todavía niño. La ley dice que tú no puedes votar, la ley dice que tú no puedes conducir un coche, la ley te prohibe administrar tus bienes, pero deja que el toro te haga millonario. No puedes casarte sin el permiso de tu padre, pero ¿le pedirá permiso a tu papá el toro cuando vaya a por ti?

– El toro no es cosa de edad, es cosa de valor.

– Y el valor lo tienes. Los grandes críticos taurinos ya hablan de ti como del ídolo de los próximos años, sólo se espera a que recibas la primera cornada para confirmarlo…

– Y sabe lo que le digo, estoy deseandito que llegue la primera «corná», para pasar la prueba del fuego, para ver cómo reacciono cuando vea la sangre y el dolor y todo eso.

– ¿Te empujó tu padre a los toros?

– No, la cosa empezó así: A los nueve años, estando en un festival de toros, empezó mi hermano a pincharme: «¡A que no te atreves a ponerte delante del toro!» Y yo, como un loco, me tiré a la plaza, cogí un capote que pesaba casi más que yo y empecé a dar pases. Y desde entonces empecé todos los días de fiesta a entrenar y a entrenar … Hasta que mi padre me dijo: «Si quieres ser torero, yo te voy a ayudar, pero me tienes que prometer que te lo tomarás en serio.»

– ¿Y no te entran ganas a veces de dejarlo? ¡Pareces muy cansado!

– ¿Cómo iba a dejarlo? ¡Esto es lo mío! Y además, ¿qué iba a hacer yo sin estudios, sin trabajo, sin ná?

– ¿No tienes la sensación de que te falta algo?

– Sí, ahora veo que nunca tuve vida de niño, que no he jugado casi, pero ya tendré yo tiempo de vivir… Pero es triste, no puedo ni beber ni fumar, no puedo salir por ahí a divertirme. Con el ritmo de vida que llevo de tanto viaje, es imposible.

– ¿Y qué echas de menos ahora mismo?

– Pues la verdad, ¡un buen plato de garbanzos

– de los que hace mi madre en el pueblo, que ya estoy harto de tanta ensalada…!

Lección 21

1 Es probable que llegue un poco tarde

- Oye, Paco, es posible que invite mañana a los nuevos vecinos de arriba. ¿Qué te parece?
- Bien, pero yo… es probable que llegue un poco tarde a casa. De momento tenemos mucho trabajo en la oficina.
- Ah, siempre «vuestro trabajo». Y yo creía que me ibas a ayudar un poco…
- Vendré lo antes posible, no te preocupes.

2 ¿Te ayuda tu marido?

La revista «Blanco y Negro» ha publicado las siguientes preguntas para que maridos y mujeres puedan darse cuenta de cómo funcionan las cosas en su familia. Si el marido obtiene 10 puntos, deja mucho que desear, y debería tratar de mejorarse… Si su mujer le critica o protesta de vez en cuando, tiene razón. De 10 a 20 puntos, es un marido un poco tradicional, pero por lo menos está en buen camino… Y de 21 a 30, es un marido modelo. (Con más puntos, casi casi es demasiado, un marido extraordinario, o debe haberse equivocado al contestar las preguntas…).

1 ¿Es él quien despierta a los demás?
2 ¿Prepara el desayuno?
3 ¿Ayuda a hacer las camas?
4 ¿Ayuda a limpiar?
5 ¿Hace las pequeñas reparaciones en casa?
6 ¿Lleva a los niños al colegio?
7 ¿Hace la compra al volver de la oficina?
8 ¿Prepara las comidas?
9 ¿Pone la mesa?
10 ¿Lava los platos?
11 ¿Va a hablar con los profesores de los niños?
12 ¿Controla los deberes de los niños?
13 ¿Hace su maleta cuando se va de viaje?
14 ¿Se levanta si el niño llora por la noche?
15 ¿Se encarga él de pagar multas, impuestos, seguros?
16 ¿Se lava las camisas?
17 ¿Cuida a los niños cuando están enfermos?
18 ¿Se compra él solo la ropa?
19 ¿Contesta al teléfono cuando está en casa?
20 ¿Se ocupa del perro o del gato?

En cada pregunta, la contestación
«nunca» vale 0 puntos
«a veces» vale 1 punto
«siempre» vale 2 puntos.

¿Cuántos puntos le da Vd. a su marido?
¿Cuántos puntos tiene Vd., señor?

⊙ La mujer española y el trabajo

Según una encuesta, la participación de la mujer española en la vida activa del país es de un 27 por ciento. Es una cifra baja si se compara con Inglaterra, Alemania o Francia (50,1%, 49,9% y 39,4%, respectivamente).

Y según una estadística publicada por el Frente de la Liberación de la Mujer, las profesiones en que más se encuentra la mujer española son

- el servicio doméstico (96%)
- modistas (83%)
- personal de limpieza (81%)
- lavanderías (80%)
- peluquerías (67%).

En cambio, entre los profesionales de nivel su-

perior hay sólo un 27% de mujeres, y entre los de grado medio, un 36%.

Ni que decir tiene que las jóvenes de hoy día están decididas a cambiar estas cifras y que la mayoría de ellas están por lo que se llama «familia simétrica», es decir, les parece normal que todos colaboren en los trabajos de la casa, y que ellas también trabajen fuera.

Es lo que piensan las jóvenes, pero ¿y los españoles en general? A la pregunta de «¿Quién debe hacer los trabajos de la casa?», el 81% de los hombres responden: «La mujer, y el hombre sólo si la mujer se encuentra enferma». ¡Pero todavía más mujeres, el 83%, dicen que los trabajos de la casa son cosa de mujeres! ¿Cómo es posible eso?

⊙ Tener 20 años, hoy

Los 20 años son, se suele decir, una edad redonda, hermosa. Pero por lo visto, a los afortunados que los tienen, no les parece lo mejor del mundo, ni mucho menos. Piensan que tener 20 años hoy es una cosa muy difícil. Y lo que es peor, les parece inútil.

Entre estudiantes españoles, las respuestas sobre lo que sienten y piensan a esa edad son casi siempre las mismas: Les da igual que España se integre o no a Europa, se sienten sólo ciudadanos del mundo.

Las ideologías políticas en general les parecen o cerradas o corruptas.

Les gustaría ver realizado su ideal personal de la justicia y la igualdad.

Su futuro lo ven negro, gris, oscuro o mediocre. A todos les gustaría hacer algo creativo, pero saben que esto es prácticamente imposible. (Alguno añade riendo: «Hace años que dejé los sueños.»)

En realidad estas respuestas son bastante parecidas a las obtenidas por una periodista francesa que intentaba llegar a saber cómo son los veinteañeros de la «Europa de los seis». Ella presenta esta juventud así: «Apolíticos y descreídos (ni Marx ni Jesús), y con el miedo constante de no encontrar trabajo.»

¿Es posible que a los 20 años ya no se pueda soñar?

(Adaptado de un artículo de Marta Portal en ABC: «Los veinte años sólo duran doce meses.»)

Lección 22

1 En el dentista

– Buenos días, señorita. ¿Me podría recibir el doctor ahora?
– ¿Ha pedido Vd. hora?
– No, estoy de paso en la ciudad, y me duele muchísimo una muela. Mañana tengo que seguir el viaje.
– Bueno, en ese caso, quédese. Voy a ver si es posible que le vea el doctor. Pase Vd., por favor, y siéntese un momento.
(Después de unos momentos:)
Ha tenido Vd. suerte. El doctor le va a ver enseguida.

2 ¿No tiene apetito?

– ¿No le gusta lo que ha pedido? Lo mío está muy rico. ¿O es que no tiene apetito?
– Estoy tratando de comer, pero no sé qué me pasa. He comido un pedazo, y no puedo más.
– Pruebe Vd. por lo menos el vino, es muy ligero.

3 No sé qué me pasa

– No sé qué me pasa, pero esta mañana no me encuentro bien.
– ¿Quieres que te haga un poco de té? Échate un momento, que te lo voy a hacer. Y quítate la chaqueta… Ya verás cómo te pones bien. Seguro que es por la discusión que has tenido sobre tu nuevo puesto con tu jefe. Ya te vi anoche muy preocupado.

4 ¡Que te mejores!

– Hola, Carmen, ¿qué tal? Quería invitarte esta noche a ir al cine. Ponen la última película de Buñuel…
– Lo siento, pero tengo fiebre, me siento fatal.
– Entonces volveré a llamarte mañana, ¡y que te mejores!
– Bueno, no creo que se me quite la fiebre tan de prisa.
– ¿Tomas alguna medicina?
– Hasta ahora no, pero mañana tengo la intención de llamar al médico si sigo así.

5 ¿Te has hecho daño?

– ¿Qué te pasa? ¿Te has hecho daño?
– Sí, en la mano, arreglando el coche…

– ¿Qué te pasa?

– Me duelen las manos de escribir tanto.
Me duelen los ojos de leer.
Me duelen los pies de tanto andar.
No puedo dormir.
No tengo apetito.
No puedo comer nada.
No oigo bien.
No veo bien.
Estoy perdiendo peso y no sé por qué.
Nada, estoy perfectamente bien.
⊙ …….

⊙ Me duele
- la garganta, me he enfriado.
- el estómago de la comida.
- en el pecho, debe ser el corazón.

Estoy
- muy cansado.
- muy nervioso.
- bastante débil.

Tengo la tensión baja/alta.

6 Comprensión auditiva

Vd. llama por teléfono a la consulta del doctor Méndez para pedir hora. Escuche lo que le dicen.

¿Lo dicen?

	sí	no
Le preguntan si le parece mejor el sábado o el lunes.	☐	☐
Le dan hora para la mañana del martes.	☐	☐
Vd. deberá llamar otra vez.	☐	☐

7 Por favor, ven

– Dígame…
– Soy yo, Amalia.
– Hola, Amalia, ¡qué bajito hablas! Dime qué te pasa. ¿Estás mala?
– Sí, por eso te llamo. Hace dos días que no puedo salir.
– ¡No me digas! ¿Quieres que vaya por tu casa?
– Sí, por, favor, ven. Para eso te llamaba. Y tráeme de momento un poco de leche, y luego ya te diré otras cosas que necesito. ¡Hasta ahora!

⊙ «Natema»

Mientras la droga produce cada vez más víctimas en todo el mundo, hay indios en las selvas del río Amazonas que emplean hojas de plantas venenosas para hacer una infusión que les lleva a un mundo de sueño, de efectos parecidos a los de la droga. Después de bebérselo caen en un sueño, lleno de visiones, y quedan en un estado de insensibilidad total.

Las hojas se cuecen lentamente durante horas, en las pequeñas cazuelas fabricadas por las indias, hasta que de cuatro litros sólo queda una pequeña cantidad, como para una taza.

Hay infusiones como el «natema» que los curanderos de los indios «schuara» emplean como medicina: dan una parte a beber al enfermo, y ellos mismos beben «para encontrar la fuerza necesaria que sacará el mal del cuerpo del enfermo».

ROMAN ELE

Cuando un niño dice a ser hermoso, no hay nada que le gane. Y aquél lo era: alto, muy derecho, y fino; con el pelo hecho de sortijas tan negras y brillantes como la piel, que parecía, por el brillo, untada en manteca de coco.

Se llamaba Román Elé. Tenía los dientes grandes y separados, las encías rosadas, los ojos como pintados, y era nieto de criados, hijo de criados y criado él también.

Hermoso de cabeza a pies, hermoso por fuera y por dentro era el niño negro. Vivía en la finca más grande del valle: la que tenía junto a la portada la ceiba doble, que era como dos ceibas en una, y donde vivía también Crucita, la niña blanca llamada de verdad Cruz María de los Angeles, hija y nieta de dueños.

Lección 23

1 ¡Felicidades!

– Te invito a un aperitivo, es mi cumpleaños.
– Hombre, ¡felicidades!
– Gracias. ¿Qué tomamos? Podemos empezar con unas gambas a la plancha y unas cervezas…
– Muy bien. Bueno, pues nada, ¡a tu salud! ¡Que cumplas muchos!

¡Le felicito!
¡Felices vacaciones!

Ir de tascas

⊙ *¿Qué tapas le gustan más?*
las aceitunas verdes o negras
las aceitunas rellenas
las almendras
las patatas fritas
las gambas al ajillo

2 ¡Que se diviertan!

- Esta noche vamos al teatro.
- Nosotros vamos a ir a bailar.
- ¡Que se diviertan!
- Gracias, igualmente.

3 No me molesta en absoluto

- ¿Me permite Vd. que fume? ¿No le molesta?
- De ninguna manera. Voy a fumar un cigarrillo con Vd., aunque ya no fumo mucho, la mitad de lo que fumaba antes. ¿Qué cigarrillos fuma?
- Celtas. Son muy populares en España.
- Es tabaco negro, ¿no?
- Sí, y bastante fuerte.

4 ¡Que pase buena noche!

- Hasta mañana, entonces, ¡que pase buena noche!
- Hasta mañana, pero, ¿no quiere que le lleve al hotel en mi coche? Lo hago con mucho gusto.
- Muchas gracias, pero prefiero ir dando un paseo, a pie, ¡qué noche más bonita hace!
- ¿Está contento con el hotel?
- Sí, desde mi habitación veo las torres del castillo, el río y un paisaje precioso...

Vista general de Toledo

⊙ Hablar andaluz

José María Vaz, escritor de Huelva, ha dicho con motivo del Congreso de Cultura Andaluza:

«El español tiene dos formas de hablar fundamentales: el castellano y el sevillano. Este último viajó hasta América, pasando por las Islas Canarias. Esta forma de hablar no es peor que la castellana, lo que pasa es que se aleja más de la ortografía, como el francés o el inglés. El castellano se ha quedado inmóvil desde hace siglos, y el andaluz, más ligero, más vivo, más universal, será la forma del futuro del idioma español.»

A pesar de todas las persecuciones, los gitanos han conservado, a través de los siglos, su personalidad e independencia

⊙ ¿De dónde vienen los gitanos?

Todos ellos dicen que «de Egipto, directos de los faraones, somos nobles.» Hace 5000 años los gitanos vivían en el Norte de la India. Para no tener que someterse a los arios y para vivir libres se fueron de su país, y parte de ellos fueron hacia Egipto y el Norte de Africa. En 1545 aparece ya en España, en Zaragoza, la primera tribu. El rey Alfonso V les da permiso durante algunos meses para viajar por España, pero pronto empiezan a ser odiados. Para poder vivir tienen que robar a veces y mienten, y esto les hace perder pronto las simpatías. En 1594 incluso se piensa en separar a los gitanos de las gitanas para acabar con la raza…

En otras partes no les va mejor. En Gran Bretaña, Italia, los Países Bajos se les mataba sin motivo. Suiza los echaba del país. En Dinamarca se mataba al jefe de la tribu y se echaba al resto. En Francia, o salían del país voluntariamente o se les mandaba a las galeras. Y en Alemania, todavía en la época nazi murieron medio millón de gitanos…

Y a pesar de todo, han sobrevivido conservando su personalidad, independientes, libres, viviendo como a ellos les gusta, con sus trajes de colores y sus cantos. En España, sus canciones y bailes tienen gran fuerza, y ningún otro pueblo se ha identificado tanto con el folklore gitano como el español.

Lección 24

1 Aquí tiene Vd. mis papeles

Pepe vuelve muy alegre de una fiesta en su coche, con Marta. Van muy animados, hablando
y riendo. De repente, un guardia del tráfico le
hace parar.
– ¿Tiene Vd. mucha prisa?
– No, no, ¿por qué lo dice?
– ¿No se ha dado cuenta de que aquí sólo se
   puede ir a 40 km por hora? A ver, ¿quiere en-
   señarme su carnet de conducir, por favor?
– Aquí tiene Vd. mis papeles.
– Póngase un poco más adelante… Además,
   ¿cómo va Vd. a estas horas con las luces apagadas? ¡Enciéndalas!
– Lo siento, no me había dado cuenta de nada.

2 ¿Dónde he dejado las llaves?

– ¿Qué estás buscando?
– Las llaves del coche. Me estoy rompiendo
   la cabeza para acordarme dónde las he dejado, y no las encuentro en ningún sitio.
– ¿No las habrás dejado puestas en el coche?
– Voy a mirar. Quizás se me hayan caído cuando salí de él… Ay, ¡qué cosas me pasan! Lle-
   vabas razón.

– ¿Dónde has buscado ya?
– He buscado ya por todas partes:
  en el coche/dentro del coche
  en el ascensor
  en la mesita redonda/cuadrada
  en el cuarto de estar
  bajo el sofá
  entre mis papeles
  en el bolso de Catalina
  sobre la calefacción
  en el cuarto de baño

¿Qué es lo que más pierde Vd.?
  ¿Las gafas de sol?
  ¿Su pasaporte?
  ¿Su dinero?
  ¿Sus nervios?
  ¿Su carnet de conducir?
  ☉ ……

¿Le preocupa mucho si pierde cosas?
¿Se pone Vd. muy enfadado o le da igual?
¿Cuál sería la solución para no perder nada?

3 En la gasolinera

– Súper, por favor, y lleno.

– …45 litros. Parece que estaba totalmente vacío. ¿Quiere que le controle también el agua y el aceite?

– Sí, muy bien. Y por favor, mire el motor, me parece que hay un ruido… Espero que no esté estropeado nada.

– Lo siento, señora, pero hoy ya no podemos reparar nada. Tendrá que pasar Vd. mañana. Un momento, le voy a limpiar el cristal de delante.

– Sí, está muy sucio, gracias.

4 Están de huelga

– Oiga, ¿sabe Vd. si hay cerca de aquí otra gasolinera? La de enfrente está cerrada.

– Ah, bueno, sí. Es que las gasolineras están hoy de huelga. Pero en muchas hay un Guardia Civil que sirve al público. Pruebe Vd. en la próxima. ¿Ve Vd. aquella plaza con los árboles y las plantas con flores? Pues allí hay una, y seguro que está abierta.

5 ¿Le da miedo?

– ¿Va Vd. en avión?

– No, en tren, en coche-cama.

– ¿No le gusta el avión? ¿Le da miedo?

– No, no tengo nada en contra del avión ni creo que sea más peligroso que viajar de otra manera. Pero me sienta mejor viajar en tren. He tenido experiencias muy desagradables pasando de un clima seco a húmedo, de repente. En tren, es más lento, pero para mí es sin duda más sano.

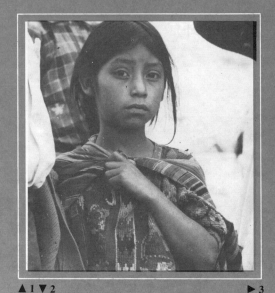

⊙ De la vida diaria de los mayas

El imperio de los mayas, una de las civilizaciones más antiguas indias, se extendió entre los años 300 y 1200 en lo que hoy es Guatemala, Honduras y el sur de México. Sus restos nos hablan de una cultura del más alto nivel en su tiempo.

Su moneda eran granos de cacao. Un esclavo costaba 100 granos, los favores de una bella maya 10, lo justo para hacer 2 tazas de cacao.

Tener la cabeza estrecha era gran signo de elegancia. Para obtenerlo, a los recién nacidos se les mantenía la cabeza entre dos maderas. Las mercancías se transportaban de ciudad en ciu-

▲ 1 ▼ 2   ▶ 3

dad a hombros de esclavos. No se conocía la rueda ni se empleaban los animales para el transporte. Los mayas fueron grandes matemáticos, pero desconocían totalmente la medicina.

Hacían gran consumo de alcohol. Después de una fiesta, una ciudad entera era incapaz de luchar durante dos días.

Si una mujer no preparaba al marido su baño de vapor diariamente, el divorcio estaba justificado.

Al que llevaba una vida ordenada, le esperaba después de su muerte un lugar en uno de los trece cielos. Allí podía eternamente beber su cacao a la sombra de un árbol…

▲ 4

1 *Joven maya*
2 *Arte maya: la estela de Quirigua (Guatemala)*
3 *Templos en Chichen Itza*
4 *Iglesia de Santo Tomás en Chichicastenango*
5 *Mujer maya*

▼ 5

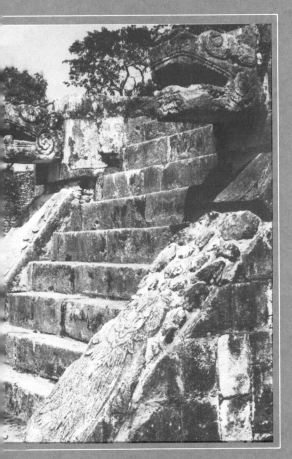

Lección 25

1 Una nota para Vd.

– ¿Ha preguntado alguien por mí?
– Sí, un señor vino a buscarle. Ha dejado esta
   nota para Vd. Dijo que no podía esperar.

Querida Carmina:

Habíamos quedado en dar una vuelta. Te había prometido pasar a las
3, pero me parece que te has olvidado de mí. Ahora aprovecho la tarde
para hacer algunas cosas por aquí. Trataré de llamarte por teléfono
más tarde. ¿Podemos cenar juntos? Déjame una nota en mi oficina, por
favor, para saberlo.

Un fuerte abrazo
Felipe

Querido Felipe:
¿Cómo es posible que seas tan despistado? Seguro que me
dijiste que pasarías a las dos. Y te esperé hasta las dos y
media. Llámame esta noche entre las 9 y las 10, y
quedamos para mañana. Pero, por favor, prométeme
que lo vas a apuntar, para que no se te olvide otra vez
la hora.

Un abrazo,

Carmina

Una calle en Lima

⊙ Lima

Se dice que Lima fue, durante los tiempos coloniales, la ciudad más bonita y más importante
de toda América. Tuvo la primera universidad,
el primer teatro, la primera imprenta y los más
bellos palacios del continente. Se decía que era
la segunda ciudad de España, después de
Madrid…

La Lima de hoy, que ha pasado de medio millón de habitantes a cuatro, es una ciudad ruido-
sa, caótica y desigual. Hay la Lima de los ricos,
apartada del resto, la «Lima dorada» como la
llamó Bertolt Brecht en una famosa poesía, y el
enorme cinturón de pobreza. La Lima más
importante, esta última.

Su clima es muy igual, se puede vivir allí sin paraguas, abrigo ni calefacción. Sin embargo, en
invierno la niebla es tan triste y tan gris que los
que no son de allí sufren de depresiones a causa
de ella.

Auténticos limeños casi no quedan, el 90% de
la población ha llegado poco a poco de la provincia. Por eso, la personalidad propia limeña
ya no se encuentra tan fácilmente.

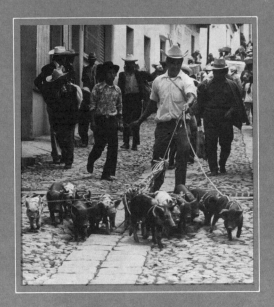

⊙ Pedro, el campesino de Teotitlán

Pedro tiene 42 años, pero representa 65. Vive en Teotitlán del Valle, a 10 km de la gran Oaxaca. Pedro es un ejidatario, es decir, que ha recibido del gobierno un «ejido», un pedazo de tierra de 20 hectáreas para cultivar. Su cosecha consiste más que nada en piedras, pues no le llega todavía el agua aunque las instalaciones para el transporte del agua se están construyendo desde hace muchos años… De momento consigue obtener de las 4 hectáreas cultivables el maíz que él, su mujer y sus ocho hijos necesitan para hacer «tortillas», tan importantes para ellos como para un alemán las patatas o para un francés el pan. Y al lado de su casita tiene un rincón con frutas y verduras. Sus hijos traen el agua de la fuente del pueblo.

Pedro y cinco de sus hijos, los que tienen más de 6 años, tejen tapices con motivos que provienen del palacio de piedra de Mitla, que está a tres horas de su casita, antiguos de 1000 años. Pero esto no lo sabe. Los teje como los tejió su padre y su abuelo…

Los miércoles no teje. Reúne sus mejores frutos, toma el autobús y va a Oaxaca, al mercado. Los coloca bien colocados sobre su manta en el suelo y espera. Si tiene suerte, a la tarde habrá reunido unos cuantos pesos. Con los pesos podrá pagar el autobús y hacerse llenar su vieja botella vacía de mezcal. Será el momento más feliz del día. A la vuelta, el conductor del autobús, que allí llaman el «camión», le despertará para que se baje en su parada. Despacio vuelve a su casa.

En Latinoamérica muchos campesinos siguen cultivando la tierra como la cultivaron sus padres y sus abuelos

Lección 26

1 Media pensión

- ¿Cuánto tiempo quieren quedarse Vds.?
- No sé exactamente, pero es probable que nos quedemos quince días. Como mínimo, una semana.
- ¿Con pensión completa?
- No, con media pensión, si es posible. Desayuno y cena. Pensamos hacer varias excursiones.
- Como Vds. quieran. Entonces, el precio es de … pesetas por persona, todo incluido.
- Está bien.

2 Vendedora inteligente

A – Oiga, el pantalón me está demasiado estrecho, no puedo ni respirar. ¿Estoy tan gorda?

V – No, ¡qué va! En el primer momento cuesta entrar en ellos, es natural, pero ya verá, después de dos o tres veces de ponérselo le quedará más ancho. ¡Y son tan prácticos!

A – Sí,… pero además es un azul demasiado oscuro…

V – Ya sabe Vd. que los «blue jeans» pierden color cuando se lavan, y se vuelven más claros.

A – ¿Vd. cree?

V – Seguro, y está Vd. tan bien con ellos. Es Vd. alta y…

A – Huy, no sé si voy a tener dinero…

V – Aceptamos también cheques o se los podemos mandar a casa.

A – En fin, me quedo con ellos.

3 El bañador

– Buenos días, ayer compré este bañador y quisiera cambiarlo por otro. Creí que era azul, pero con la luz del día resulta distinto, casi verde, y no me gusta nada.
– Sí, es verdad, pero lo siento, no cambiamos bañadores, está prohibido…

4 ¿Dónde está la policía?

A – Por favor, ¿podría Vd. decirme dónde está la policía en este pueblo? Me acaban de robar en el coche mientras nos bañábamos…

B – ¡Cuánto lo siento por Vd.! Si quiere, le acompaño a la Guardia Civil. No está lejos de aquí. ¿Le han quitado muchas cosas?

A – Todo: las maletas, el dinero, la cámara, hasta los carretes con las películas ya hechas. Ya le digo: todo. Tendremos que volver en bañador a Francia.

B – ¿No tiene amigos por aquí?

A – Hemos pasado 15 días en el camping que está al lado del bosque y conocemos a alguien. Pero no sé, no sé…

B – En fin, preséntese a la policía lo antes posible para informarla de todo. Y a ver si tiene Vd. un poco de suerte…

5 Comprensión auditiva

Su amiga Gloria le habló el año pasado de un hotel de la Costa Brava. Le interesaría saber algo más de él y la llama por teléfono.

	¿Lo dice?	
	sí	no
El hotel está en Rosas.	☐	☐
Ya no sabe cómo se llamaba.	☐	☐
Iban en coche a la playa.	☐	☐
La comida no estaba mal.	☐	☐
No puede decirle el precio exacto de momento.	☐	☐
Era bastante caro.	☐	☐
El hotel daba pensión completa.	☐	☐
Desde allí, hay muchas excursiones que valen la pena.	☐	☐

⊙ Don Quijote y los niños

Don Quijote, «el mejor embajador de España a través de los siglos» como dijo Alejo Carpentier, va a revivir ahora, en la Televisión, para los niños españoles en una serie de dibujos animados. El bondadoso personaje les traerá un mensaje de generosidad e idealismo que les hará salir por una vez de tanta película de violencia y tanta ñoñez que por lo general suelen ver en los programas de televisión.

Parece ser que ya Walt Disney pensó hacer algo así, según una idea que le dio su amigo Salvador Dalí en una de las numerosas visitas que Disney le hacía en España.

¡Qué suerte para los niños españoles de conocer a Don Quijote de esta manera, y no como sus padres y abuelos que desde 1905 lo tuvieron como libro obligatorio de lectura en los colegios durante años y años!…

Plantaciones de azúcar en Cuba

⊙ Los monocultivos

Casi todos los países latinoamericanos han vivido de la exportación de un solo producto que cultivaban: cacao, algodón, fruta, o productos a veces como el café o el azúcar que ni siquiera había puesto allí la naturaleza, sino la mano del hombre…

Así por ejemplo en Cuba tenemos el triste caso de que se quemaron bosques enteros con árboles de las maderas más preciosas y valiosas, para cultivar allí también azúcar y más azúcar…

Cuba dependía entonces totalmente de la exportación de este producto a los Estados Unidos, su único comprador.

«El pueblo que compra manda, el pueblo que vende sirve. Hay que equilibrar el comercio para asegurar la libertad.» Esto lo había dicho ya José Martí (1853–1895), el héroe nacional cubano…

⊙ Guajira Guantanamera

Yo soy un hombre sincero
de donde crece la palma,
y antes de morirme quiero
echar mis versos del alma.
Guantanamera, Guajira Guantanamera,
Guantanamera …

Mi verso es de un verde claro
y de un carmín encendido,
mi verso es un ciervo herido
que busca en el monte amparo.
Guantanamera, Guajira Guantanamera,
Guantanamera…

(Texto de José Martí)

Lección 27

Ernesto Cardenal

1 Si fuera posible me gustaría verte

Antonio:

He oído decir que vas en Navidades a Barcelona. Si fuera posible me gustaría hablar contigo antes porque quiero que me traigas unos discos que necesito de Tete Montoliú.

¿Podrías decirme cuándo te vas?

Mercedes

Querida Mercedes:

Es lástima que no hayas estado en casa hoy, pues me voy ya pasado mañana. ¿Sería posible que pasara un momento por tu casa mañana muy temprano? Después, me parece que me será imposible. Piensa si necesitas algo más de allí. Y si no te encuentro mañana, escríbeme a Barcelona.

Un abrazo

Antonio

2 ¿Qué harías si tuvieras tiempo?

– ¿Qué harías si tuvieras tiempo?
– Te acompañaría.

Si hubiera algo interesante
Si estuviera mi hermano
Si tuviera más tiempo
Si fuera sábado
Si me dijeras qué te interesa   podríamos...
Si te quedaras hasta mañana
Si pudieras quedarte hasta
   mañana
Si no hubieras quedado con
   Juan
⊙ ....

Saldría contigo
Podríamos salir juntos
Me iría con vosotros
Tendría más tiempo   si no viniera...
Sería otra cosa
Me quedaría en casa
Te invitaría a cenar

⊙ Ernesto Cardenal

Nacido en 1925 en Nicaragua, después de estudiar en México y Nueva York, Ernesto Cardenal tomó parte en 1954 en un intento de hacer caer la dictadura de Somoza, que no tuvo éxito. Tres años después sorprendió a todos entrando en la vida religiosa, hasta que finalmente se retiró en 1966 a Solentiname con un pequeño grupo de amigos para vivir allí entre los indios campesinos y llevar la misma vida pobre y de trabajo que ellos. A la pregunta de si esto no era un poco una huida de la realidad política nicaragüense, Cardenal respondía entonces: «Podría llamarse una huida . . . Pero si estamos descontentos de este mundo, de esta sociedad de consumo, creemos que tenemos el derecho de organizar nuestra vida de otra forma, fuera de esa sociedad. Yo creo que el día que haya una sociedad justa no habrá necesidad de alejarse de ella. Pero en realidad, yo me he politizado aquí con esta vida contemplativa. Yo he

llegado a la revolución por el evangelio; no por la lectura de Marx, sino por Cristo. Se puede decir que el evangelio me ha hecho marxista.» Después de la caída de Somoza en 1979, Cardenal ha aceptado ser Ministro de Cultura. Hoy día afirma: «Trabajo día y noche en el Ministerio para que renazca en Nicaragua la música, la poesía, el folklore, el deporte . . . Quiero llevar la cultura al pueblo para que el pueblo empiece al fin a producir y no a consumir cultura.»
La relación revolución-iglesia la ve Cardenal de una manera muy simple: «En la revolución ha colaborado todo el pueblo, y nuestro pueblo es profundamente religioso. No podemos distinguir entre revolución y religión. Y para mí mismo el ser sacerdote, poeta y revolucionario son todo uno. Yo, sacerdote, soy Ministro de Cultura, pero entre los dirigentes del Frente Sandinista hay también marxistas-leninistas ateos . . .»

Casa en Solentiname

Lección 28

1 Los emigrantes

– ¿Estás mirando la televisión a estas horas?
– Sí, dan un programa sobre los emigrantes españoles en los países europeos. Me interesa porque lo presenta un amigo mío que conocí cuando tomé parte en un curso para extranjeros en Munich hace dos años.
Este chico está muy informado de la situación de los obreros, las condiciones en que trabajan, los problemas que tienen a su llegada con los contratos y los seguros, las dificultades que tienen sus hijos en las escuelas de los diferentes países, todo eso...

Sé que para hacer el programa habló con muchos obreros y patrones, y me dijo también que tenía intención de hacer entrevistas a los jefes de distintos partidos políticos y los sindicatos... ¡Es un muchacho que vale mucho!
– ¿Y cuándo empieza el programa?
– Pues ahora, hijo, después de esta publicidad que nunca acaba.

¿Cuáles son los principales productos de la agricultura española que se exportan?
¿Qué productos españoles se importan en nuestros país?

Los emigrantes:
extranjeros en doble sentido

⊙ La vuelta

La emigración de obreros españoles está entrando ahora en la segunda parte de su tragedia.
Los que salieron hace más de quince años en
busca de trabajo dejaron y vendieron todo lo
que tenían para afrontar los primeros gastos de
la incierta aventura. Ahora, dos razones les hacen pensar en la vuelta: una, la crisis económica mundial que hace que a lo mejor no puedan
quedarse en los países en que trabajan, aunque
en algunos países hay la tendencia de no admitir esta «solución»; la otra razón son los problemas de tipo familiar, especialmente el de la integración de sus hijos, que siguen siendo extranjeros en un país en el que han nacido y cuyo
idioma hablan.

Estas familias se han convertido en extranjeros
en doble sentido: en el país en que trabajan,
pues no poseen la nacionalidad, y en su país de
origen, donde las posibilidades de establecerse
de nuevo son prácticamente nulas. ¿Un callejón sin salida…?

⊙ El desempleo

Las actuales previsiones, optimistas respecto a
diversos aspectos económicos, son alarmantes
respecto al nivel de paro en el futuro. Jóvenes,
mujeres y trabajadores industriales están en
este momento a la cabeza en los porcentajes de
desempleo.

⊙ Los «mojados»

La frontera entre México y los Estados Unidos está formada por el río Bravo y tiene unos 1.400 kilómetros de longitud. Diariamente muchos mexicanos intentan pasarla ilegalmente, solos o con sus familias. Buscan trabajo. Son millones al año. Unos 850.000 son detenidos y se les hace volver a México. El número de estos «mojados» (así se les llama porque intentan pasar la frontera a través del río), unido a los 7 millones de mexicanos que viven ya en los Estados Unidos trabajando, es un problema central en las relaciones entre los dos países.

Un oficial americano de la frontera informa:

– Detenemos al día unas doscientas personas, desde que hemos recibido órdenes de Washington de «abrir un poco la mano». Antes eran unas 450. Tampoco podemos hacerles nada, sólo decir: ¡Atrás, vuelva Vd.!

– ¿Y qué hacen ustedes con ellos?

– A las mujeres y a los niños se les transporta en el mismo día en autobuses al otro lado de la frontera; a los hombres, al día siguiente.

– ¿Se les lleva a la cárcel?

– En principio, si no es la primera vez que lo hacen, se les puede meter en la cárcel de 60 a 90 días. Pero ¿cree usted que esto les da miedo? Vuelven y vuelven. Mire usted, acabamos de detener a una chica de 17 años que ha intentado ya 60 veces pasar la frontera.

– ¿Ve usted alguna solución al problema?

– En realidad, el problema central está en que a esta gente se les dé trabajo al otro lado. Hay incluso algunos que se alegran de que los llevemos a la cárcel, allí están mejor que libres en su país.

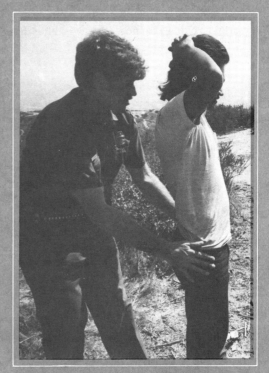

Escenas habituales en la frontera mexicana

Lección 29

⊙ El indio y la tierra

Elena Coyuqueo es india, nacida en Argentina, en donde existen 100.000 aborígenes con sus tribus, sus costumbres, sus dialectos y desde luego sin sus tierras.

Ella habla de sus años infantiles:

«Vivíamos en paz, con nuestras alegrías campesinas, nuestras ocupaciones. Pero este espejo del paraíso se rompió. Se dijo de repente que nuestras tierras tenían muchísimo valor, no sé por qué. Y nos quitaron todo, por los medios que se emplean en esos casos… Y desde entonces vivimos como tribus volantes, en el campo, en carpas. Mi padre no se dio por vencido y luchó contra las autoridades, fue perseguido, le llevaron a la cárcel. Y a nosotros, a los niños de las tribus, se nos empezó a tratar mal en la escuela, se nos hacía sentir que nuestros padres molestaban con sus peticiones, que no teníamos derecho a nada porque éramos «indios». Y paradójicamente los únicos que tienen derecho al suelo americano son los indios, aunque vengan otros recién llegados que se lo nieguen…»

Lo que cuenta esta india de la Argentina vale para la mayoría de los países del Nuevo Mundo. Los diversos intentos de la llamada «educación del indio», es decir, su integración a la cultura occidental, ha dado resultados negativos. El indio, lejos de mezclarse, se convierte las más de las veces en el esclavo de un amo europeo.

La solución del problema sería devolver al indio su tierra, y no olvidar que a la llegada de los occidentales, él ya tenía su cultura, la suya propia, y un desarrollo mental. ¡Tierra, tierra para los indios! Si alguna vez se hiciera, millones de seres comerían sin llorar.

(Basado en un artículo de Miguel Angel Asturias, guatemalteco, Premio Nobel de Literatura)

⊙ Preguntan de dónde soy…

Preguntan de dónde soy
y no sé qué responder
de tanto no tener nada
no tengo de adónde ser.

Un día voy a quemar
todo el trigo del dolor
entonces sí tendré patria
y no campos de patrón.

Preguntan de dónde soy
y el indio que cae sabe
cuánta tierra es que le toca
pues reconoce el sabor
de otros indios en la boca.

Debajo del campo verde
mucha sangre hay en el suelo
yo bien sé pa'dónde voy
sin saber de adónde vengo.

Y preguntan y preguntan
y me siguen preguntando.
Preguntan de dónde soy
y no sé qué responder
de tanto no tener nada
no tengo de adónde ser.

Lección 30

⊙ **Las venas abiertas de América Latina**

Eduardo Galeano, periodista, 38 años, una maleta de recuerdos que viajó por Argentina, Bolivia, Chile, Ecuador, Guatemala, Cuba…
El escritor uruguayo vive de momento en Calella, un pueblo de la costa, cerca de Barcelona. Es uno de los escritores latinoamericanos más leídos. Su libro «Las venas abiertas de América Latina» ha sido traducido a varios idiomas y se ha vendido en más de 300.000 ejemplares.

«La división internacional del trabajo consiste en que unos países se especializan en ganar y otros en perder. Nuestra región del mundo, que hoy llamamos América Latina, se especializó en perder desde los tiempos en que los europeos se lanzaron a través del mar y le hundieron los dientes en la garganta. Pasaron los siglos y América Latina perfeccionó sus funciones, trabajando como sirvienta al servicio de las necesidades ajenas, como fuente y reserva del petróleo y el hierro, el cobre y la carne, las frutas y el café, las materias primas y los alimentos para países ricos que ganan, consumiéndolos, más que América Latina produciéndolos. Es la región de las venas abiertas…»

(Adaptado del texto original del libro.)

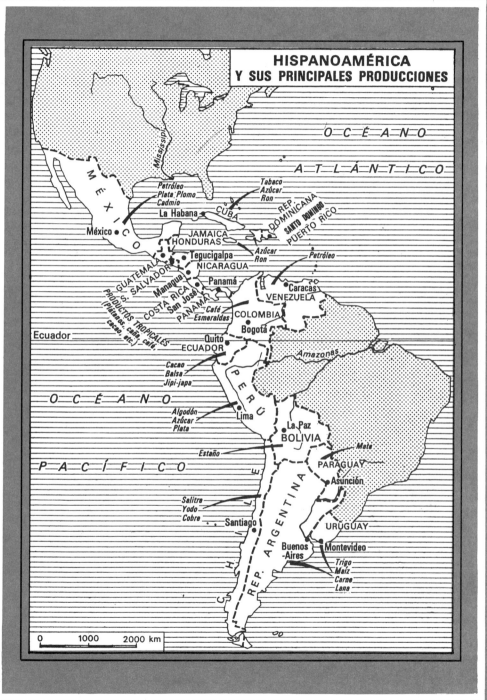

HISPANOAMÉRICA Y SUS PRINCIPALES PRODUCCIONES

«La población de América Latina crece como ninguna otra; en medio siglo se triplicó. Cada minuto muere un niño de enfermedad o de hambre, pero en el año 2000 habrá 650 millones de latinoamericanos y la mitad tendrá menos de 15 años: es una bomba de tiempo. Actualmente hay 50 millones de desocupados y 100 millones de analfabetos.

Se extiende la pobreza y se concentra la riqueza. Nuevas fábricas se instalan en centros privilegiados – Buenos Aires, México – pero mano de obra se necesita cada vez menos. Cada vez queda más gente al borde del camino, sin trabajo en el campo, donde el latifundio reina, y sin trabajo en la ciudad, donde reinan las máquinas. El sistema no ha previsto esta pequeña molestia: lo que sobra es gente. Y la gente se reproduce. Y se hace el amor con entusiasmo y sin precauciones. Porfiadamente, los niños latinoamericanos continúan naciendo, reivindicando su derecho natural a obtener un sitio bajo el sol en estas tierras espléndidas que podrían brindar a todos lo que a casi todos niegan…» (Adaptado del texto original de «Las venas abiertas de América Latina»).

Vocabulary and grammar notes

Lección 1

All references to paragraphs of the Grammar Summary (e.g. Gr.12.4), contained in these vocabularies and notes, refer to the summary at the end of this book (pp 217–51). A glossary of grammatical terms is given on pp. 215-16.

Vocabulary

1.
¿vamos a . . . ?   *shall we?* (lit. *are we going to?*)
¿vamos a aprender español?   *shall we learn Spanish?*
¿para qué?   why? (lit. *for what purpose?*)
para hablar/entender/leer   *in order to talk/understand/read*
hablar con los españoles   *to talk to the Spanish*
los latinoamericanos   *the Latin Americans*
y   *and*
entender un poco   *to understand a little*
la radio y la televisión   *radio and television*
leer las cartas   *to read the letters*
de nuestros amigos   *from our friends*
ir a España   *to go to Spain*
o   *or*
ir al hotel   *to go to the hotel*
el restaurante   *restaurant*
comprar cosas   *to buy things*
en España   *in Spain*
bien   *fine, all right*
juntos   *together*
en grupo   *in a group*

2.
¿cómo se llama usted?   *what's your name?* (lit. *what are you called?*)
usted   *you* (polite)
yo   *I*
me llamo   *my name is . . .* (lit. *I am called . . .*)
señor/señora/señorita   *sir/madam/miss*
por favor   *please*

2a.
¿cómo te llamas?   *what's your name?*
tú   *you* (fam.)

3.
¿cómo se llama . . . ?   *what's his, her, its name?* (lit. *what is he, she, it called?*)
ese señor   *that man*
esa señora/esa señorita   *that lady/young lady*
se llama . . .   *his, her, its name is . . . (he, she, it is called . . .)*

4.
buenas tardes   *good afternoon, good evening* (used after 2 p.m. and up to nightfall)
¿cómo está usted?   *how are you?* (polite)
buenos días   *good morning, good day*
muy bien   *very well*
gracias   *thanks*
¿y Vd.?   *and you?* (polite)

4a.
hola   *hello* (informal greeting used to friends and colleagues of the same age and rank)
¿cómo estás?   *how are you?* (fam.)
¿y tú?   *and you?* (fam.)
¿qué tal?   *how goes it? how are things?*

Notes

a. 'the', 'a'

All Spanish nouns are either masculine or feminine. The word for 'the' is *el* for masculine nouns and *la* for feminine nouns. (Gr.14.1–4)

el hombre	the man	la mujer	the woman
el perro	the dog	la vaca	the cow
el hotel	the hotel	la cosa	the thing
el restaurante	the restaurant	la televisión	the television
el grupo	the group	la carta	the letter

The word for 'a' is *un* for masculine nouns and *una* for feminine nouns:
e.g. un hombre, un hotel, una mujer, una cosa
uno can be used on its own to mean 'one'

b. Familiar and polite forms of 'you'

The familiar form of 'you', *tú*, is used for children, family members, friends and acquaintances of the same age and level at work (and for God). It is used far more today than formerly, but it should on no account be used to a person in authority or senior to oneself. The plural is *vosotros*.
The polite form, *usted*, is used for someone you do not know very well or someone older or in authority. It is often shortened to *Vd.*, which comes from an old courteous greeting, *Vuestra merced*, 'Your Mercy'. The plural is *ustedes* or *Vds.*

c. The written accent

The written accent in Spanish is used:

1. To show what part of the word is stressed if this deviates from certain accepted rules for pronunciation – namely that:

(i) Words ending in a vowel or n or s have the stress on the last syllable but one:

el perro	los españoles	*but:* la televisión estás, está
la carta	los amigos	

(ii) Words ending in a consonant (except n or s) have the stress on the last syllable:

el hotel	usted	*but:* el carácter (character)
español	Miguel	la cárcel (prison)

2. The accent is also used to indicate a difference in meaning between words which have the same spelling:

si	if	sí	yes
el	the	él	he

3. It is also used for words like 'when', 'what' when they introduce questions:

¿cuándo?	when?	
¿qué?	what?	(Gr.21.1)

d. Some important sounds in Spanish

c	before a, e and u is like *c* in cat	e.g. carta, comprar, ¿cómo?
	but before i and e is like the *th* in thing	e.g. cero
	N.B. In South America this **c** is pronounced like an *s*	e.g. gracias = grasias
	and at the end of a word has a slight aspiration	e.g. las dos (the two) = lah do

b & v	at the beginning of a word like the *b* in bat	e.g. Bolivia, vamos
	but in the middle of a word they are pronounced much less strongly, halfway between an English *b* and a *v*	e.g. hablar, televisión
r	at the beginning of a word and	e.g. radio, restaurante
rr	in the middle are strongly rolled like the Scottish *rr* in porridge	e.g. perro (dog)
	but **r** in the middle and at the end of a word is much softer	e.g. Perú, hablar, por favor
ll	at the beginning of a word is more like the 'y' in 'yet'	e.g. llamar, lluvia
	but in the middle of a word it is like the *lli* in million	e.g. millón (million)
	In parts of Spain, notably Andalusia, and in most of South America **ll** is pronounced *j* as in jam and in some parts (notably Argentina, Uruguay, upland Ecuador and part of Mexico) like the *s* in leisure	
ñ	is like the *ni* in onion	e.g. España, español
h	is never pronounced in Spanish:	e.g. ¡hola!, hablar, hotel
	(in parts of Mexico and Peru it is aspirated at the beginning of a word when it comes from the Latin	e.g. hablar
i	before a, e and o is pronounced like the *y* in yes	e.g. bien, radio, gloria
u	before these vowels is pronounced like the *w* in win	e.g. nuestro, bueno, agua (water)
	and after **q** or in the combination **gue** or **gui** it is not pronounced at all	e.g. ¿para qué? malagueño (from Málaga), el guía (guide)

Lección 2

Vocabulary

1.
el hotel   *hotel*
moderno   *modern*
habitaciones   *rooms*
el baño   *bath*
con baño   *with a bath(room)*
doble   *double*
individual   *single*
la ducha   *shower*
con ducha   *with a shower*
el salón de televisión   *television room*
el garaje   *garage*
el telegrama   telegram
la calle   *street*
cerca de   *near*
la plaza mayor   *main square*

3.
números de teléfono   *telephone numbers*
¿qué número tiene Vd?   *what is your number?*
tengo teléfono   *I have a telephone*
no tengo teléfono   *I don't have a telephone*

3a.
¿tienes teléfono?   *have you* (fam.) *got a telephone?*
sí   *yes*

4.
tiene . . .   *he/she/it has . . .*
muchas gracias   *many thanks*
de nada   *not at all; don't mention it*

5.

¿quiere Vd. . . ? *do you want to . . . ?*
apuntar *to make a note of*
la catedral *cathedral*
el castillo *castle*
la pensión *guest house*
el museo *museum*

urbano *local*
interurbano *long distance*
internacional *international*
¡oiga! *hello?* (lit. *listen!* used when calling)
¡oiga! *hello?* (lit. *speak!* used when answering the phone in Spain)

Notes

a. *No* meaning 'not' always goes just before the verb in Spanish, or just before the personal pronoun (*me, te*, etc.) when this comes before the verb (Gr.26.1).

   e.g.   no tengo teléfono   I haven't got a telephone
          no me llamo Carlos   I am not called Charles
          no estoy bien   I am not well

b. ¿qué? = what? or which?
   e.g.   ¿qué hotel?   which hotel?
          ¿qué número?   what number?
          ¿qué habitación   which room?

c. The plural in Spanish is formed by adding -*s* to the ends of nouns and adjectives, (Gr.15 and 16.2). Note that the article *el* becomes *los*, and *la* becomes *las*.

   e.g.   el telegrama   los telegramas
          la carta   las cartas
          bueno   buenos

   If a noun or adjective ends in a consonant, then *es* must be added.

   e.g.   la habitación   las habitaciones
          azul (blue)   azules

   Some expressions are always used in the plural:

   e.g.   ¡buenos días!   =   good day
          ¡buenas tardes!   =   good afternoon, good evening
          ¡muchas gracias!   =   many thanks

d. More important sounds in Spanish
   ch is like the 'ch' in 'church', 'cherry', e.g. ducha, muchas gracias
   j   is pronounced like the Scottish *ch* in 'loch',
           e.g. garaje, Méjico (N.B. This is sometimes written México, but still contains the same *ch* sound.)
   g   before **i** and **e** is also pronounced like *j*
           e.g. Gerona
   g   before **a, o** and **u** is like the *g* in game,
           e.g. garaje
           In the middle of a word, it is often a much softer sound,
           e.g. amigo

The Spanish names for the letters of the alphabet are as follows:

a	b	c	d	e f	g	h		i j	k	l	ll	m	ñ		o p	q
a	be	ce	de	e efe	ge	hache		i jota	ka	ele	elle	eme	eñe		o pe	qu

r	rr		s	t	u	v	w		x	y		z
erre	erre doble		ese	te	u	uve	uve doble		equis	y griega		zeta

e.   For a full list of numbers in Spanish, see Gr.18.1.

Lección 3

Vocabulary

1.

¿qué va a hacer Vd.? *what are you going to do?*
¿qué van a hacer Vds. *what are you* (pl.) *going to do?*
en las vacaciones *in the holidays*
pues . . . *well, . . .*
no sé *I don't know*
todavía no sé *I don't know yet*
quizás *perhaps*
voy/vamos a ir *I am/we are going to go*
a la Costa Brava *to the Costa Brava*
nosotros también *we too*
para eso *for that reason*
aprendemos español *we are learning Spanish*
queremos hablar *we want to speak*
la gente *people*
¿por qué? *why?*
¿por qué no vamos? *why don't we go?*
me gustaría *I should like*
me gustaría ir *I should like to go*
sería más divertido *it would be more fun*
¿no? *don't you think?*
es una buena idea *it's a good idea*

2.

¿quién puede ir? *who can go?*
¿puede ir Vd.? *can you go?*
esta noche *tonight, this evening*
con nosotros *with us*

yo puedo *I can*
yo, no *I can't (lit. I, no)*
lo siento *I'm sorry*
me gustaría, pero no puedo *I would like to, but I can't*

2a.

¿qué vas a hacer? *what are you going to do?*
vosotras *you* (plural of *tú, fem.*)
¿qué vais a hacer? *what are you* (fam. pl.) *going to do?*
¿puedes ir con nosotras? *can you go with us?*

3.

¿cómo vamos? *how shall we go? how shall we get to . . . ?*
la Costa Brava (lit. *the Rugged Coast* – popular tourist area north of Barcelona)
hay (invariable) *there is, there are*
varias posibilidades *various possibilities*
podemos ir en autobús *we can go by bus*
por ejemplo *for example*
es barato/caro *it is cheap/expensive*
claro *certainly*
me gustaría más *I would prefer*
ir en avión *to fly (lit. to go by plane)*
es más cómodo *it is more comfortable*
más *more*

ir en tren/en coche/en barco   *to go by train/by car/by boat*
ir en auto-stop   *to hitch-hike*
es interesante   *it is interesting*
es rápido   *it is fast*

5.
¿cuántos somos?   *how many are we?*
todos   *all (of us)*
vamos a tomar una copa   *let's have a drink*
ahora   *now*
nosotros tampoco podemos   *neither can we*
¡qué lástima!   *what a pity!*
bueno . . .   *all right, . . .*

5a.
¿puedes/podéis?   *can you?* (fam. sing.)
       can you? (fam. pl.)

6.
escuche Vd. el cassette   *listen to the cassette*
hablan dos personas   *two people are talking*

7.
¿cómo se escribe?   *how is that written?*

Notes

a. For the numbers in section 4 of this lesson, listen to the accompanying cassette, and refer to Gr.18.1.

b. The subject pronouns and the verb endings which go with them, are:

yo	I	-o
tú	you (*fam. sing.*)	-as/-es
Vd.	you (*pol. sing.*) ⎫	
él	he, it	-a/-e
ella	she, it ⎭	
nosotros, nosotras	we (*masc., fem.*)	-amos/-emos/-imos
vosotros, vosotras	you (*fam. pl., masc., fem.*)	-áis/-éis/-ís
Vds.	you (*pol. pl.*) ⎫	
ellos, ellas	they (*masc. fem.*) ⎭	-an/-en

Note that except in the case of Vd. and Vds., the pronoun subject is not usually expressed in Spanish.
e.g. aprendemos español   we are learning Spanish.

c. Spanish distinguishes between three types of regular verbs – those ending in -ar (like trabajar), -er (like comer) and -ir (like vivir). For a table showing all the endings, see Gr.7.

d. Some verbs change their stem vowel when the stress falls on it, e.g. *poder* – puedo, puedes, puede and pueden. But podemos and podéis keep the 'o' as it is unstressed. *Querer* also changes in a similar way to quiero, quieres, quiere and quieren, but queremos and queréis do not change (Gr.8.2 and 8.1).

3. Some verbs are completely irregular, e.g. *ir* (voy, vas, va, vamos, vais, van). These just have to be learnt as they come up. A list of such verbs is given in Gr.9.3.

f. *ir a* is a useful construction meaning 'to be going to (do something)' (Gr.2.6 and 9.3)

g. English has two ways of indicating that something is 'more' interesting, beautiful, etc., either by using the word 'more' or by adding '-er' (cheaper, dearer, etc.) Spanish only has the first of these alternatives, using the word *más* for 'more' (Gr.16.6).

h. *se* is often used in impersonal expressions or to avoid using the passive.
e.g. *se escribe*   one writes, it is written (Gr.13.1).

i.   You now know a number of question words in Spanish:

¿qué?	what?
¿quién?	who?
¿cómo?	how?
¿cuántos/cuántas?	how many?
¿por qué?	why? (for what reason?)
¿para qué?	why? (for what purpose?)

Lección 4

Vocabulary

1.
no estoy muy bien   *I am not very well*
¡hombre!   (lit. *man*) *good heavens!*
¿qué le pasa?   *what's the matter with you?*
tengo dolor de cabeza   *I have a headache*
¿quiere tomar una aspirina?   *do you want to take an aspirin?*
¿puede darme una?   *can you give me one?*
estoy enfermo/enferma   *I am ill*
estoy mal   *I am unwell*
estoy malo/mala   *I am unwell*
estoy cansado/cansada   *I am tired*
tengo gripe/fiebre   *I have the 'flu/a temperature*

1a.
¿qué te pasa?   *what's the matter with you?*
¿por qué no tomas una aspirina?   *why don't you take an aspirin?*
¿tienes una (aspirina)?   *have you got one?*
aquí la tienes   *here is* (lit. *you have*) *one*

2.
creo que sí/que no   *I think so/think not*

3.
¿cuándo?   *when?*
ir al médico   *to go to the doctor*
la cara   *face*
¡qué mala cara tiene Vd.!   *you look really ill!*

por fin   *at last*
tengo que pedir hora al doctor   *I must ask the doctor for an appointment*
la hora   *an appointment* (lit. *hour*)
hoy   *today*
hoy mismo   *today at the latest* (lit. *this very day*)
me parece que   *it seems to me that*
está de vacaciones   *he is on holiday*
en julio   *in July*
siempre   *always*
está fuera   *he is away*

4.
a mí me gusta   *I like*
el otoño   *autumn*
me gusta mucho   *I like it a lot*
¿le gusta a Vd.?   *do you like it?*
es triste   *it is sad*
prefiero la primavera   *I prefer the spring*

4a.
¿te gusta el invierno?   *do you (fam.) like the winter?*
porque   *because*
la nieve   *snow*
esquiar   *to ski*
el verano   *summer*

enero/febrero/marzo *January/February/*
March
abril/mayo/junio *April/May/June*
julio/agosto/septiembre *July/August/*
September
octubre/noviembre/diciembre *October/*
November/December
el café *coffee, café*
el vino *wine*
el jerez *sherry*

5.
Not all the words are given for this reading passage – only the most important and useful ones. This is to give you practice in reading a genuine Spanish text; you will find that you can understand the gist without necessarily understanding every word.

cada familia *every family*
en cada casa *in every home*
general *general*
contra dolores de cabeza *for a headache*
el malestar *general illness*
sabor a fruta *fruity taste*
especial *special(ly)*
el niño *child*
normal *normal*
el enfriamiento *cold, chill*
demasiado *too many*
pequeño, -a *small*

6.
¿dónde vive Vd.? *where do you live?*
la calle de . . . *. . . Street*
la plaza de . . . *. . . Square*

6a.
¿dónde vives? *where do you* (fam.) *live?*

Sobre México *About Mexico*
sobre *about*
más de 60 millones *over 60 million*
los habitantes *inhabitants*
Ciudad de México *Mexico City*
el 87 por ciento *87 per cent*
mexicano, -a *Mexican*
son *they are*
el mestizo *half-caste*
el resto *rest*
los blancos *whites*
está a 2.400 metros *it is 2,400 metres above sea*
level
cerca de *near*
el punto más alto *the highest point*
la temperatura media *average temperature*
15 grados *15 degrees (Centigrade)*
el paisaje *landscape*

Notes

a.   *Estar* has several uses including the following:
   1) it can mean 'to be situated', e.g. estoy en España = I am in Spain.
   2) it is used to express a temporary state, e.g. estoy enfermo = I am ill.
   3) it is used to indicate a result of change (or action), e.g. Franco está muerto = Franco is dead.
   Ser indicates permanent condition or characteristic, e.g. el otoño es triste = Autumn is (always) sad.
   See Gr.10.1.

b.   Adjectives in Spanish ending in *-o* (e.g. cansado) change this *-o* to *-a* when referring to a feminine noun or pronoun

   e.g.   Carlos está cansado.
          Carmen está cansada.

   Adjectives ending in a *consonant* (e.g. azul) or an *-e* (e.g. triste) do not change. (Gr.16.1).

c. me, te, le

me = me, to me
te = you, to you (*fam.*)
le = you, to you (*pol.*)

e.g. me gusta el invierno = I like the winter (*lit.* the winter pleases me)
te gusta el invierno = you (*fam.*) like the winter . . . (*lit.* the winter pleases you)
le gusta el invierno = you (*pol.*) like the winter . . . (*lit.* the winter pleases you)

Similarly, they are used with *pasar* and *parecer:*

e.g. ¿qué te pasa?   what's the matter with (*lit.* is happening to) you?
me parece   it seems to me

d. Two more question words:

¿cuándo? = when?
¿dónde? = where?

Lección 5

Vocabulary

1.
¿ha estado Vd. en . . .?   *have you been to . . .?*
   (lit. *in*)
he estado en . . .   *I have been to . . .*
el Museo del Prado   *The Prado* (the famous
   art gallery in Madrid)
todavía no   *not yet*
lo conozco   *I know it*
ya   *already*
una vez   *once*
varias veces   *several times*
me encanta   *I love it* (lit. *it enchants me*)
Goya (1746–1828)   (Spanish painter)
el cuadro   *the picture*

2.
¿conoce Vd. . .?   *do you know?*
la playa   *the beach*
ni   *nor*
ni me interesa   *nor does it interest me*
es tan bonita   *it is so pretty*
eso es sólo para turistas   *that is only for tourists*
rico, -a   *rich*

3.
¿adónde?   *where (whither)?*
la semana   *the week*
la Semana Santa   *Holy Week* (the week before
   Easter)
¿qué te parece?   *what do you* (fam.) *think?*
   (lit. *how does it seem to you?*)
el sur/el norte   *the south/the north*
cerca de Almería   *near Almeria*
el pueblo; el pueblecito   *village, small town*
   (diminutive: *little village, little town*)
precioso, -a   *pretty, lovely, beautiful, charming*
   (idiomatic use)
por eso   *that's why, for that reason*
el oeste/el este   *the west/the east*
el centro   *the centre*
la costa   *the coast*
la montaña   *the mountain, mountainous area*
la sierra   *mountain range, sierra*
Castilla la Vieja   *Old Castille*
Castilla la Nueva   *New Castille*
Cataluña   *Catalonia*
el País Vasco   *the Basque Country*
Galicia   *Galicia*
Andalucía   *Andalusia*

4.

las (Islas) Baleares   *the Balearic Islands*
(Majorca, Menorca, Ibiza, etc.)
las Islas Canarias   *the Canary Islands* (Tenerife,
Grand Canary, etc.)

5.

grande   *big, large* (invariable)
pequeño, -a   *small*
simpático, -a   *nice, pleasant*
la ciudad   *town*
antiguo, -a   *old, ancient*
histórico, -a   *historical*
bastante moderno, -a   *rather modern*
la exportación   *export*
la naranja   *orange*
la gran ciudad   *big town, city*

6.

la dirección   *address*

7.

la próxima vez   *next time*
ver algunas fotos   *to look at* (lit. *to see*) *some
photos*
Latinoamérica/América Latina   *Latin America*
(countries in South America where
Spanish or Portuguese is spoken)
si quiero (Vd.)   *if you wish*
traiga Vd. una   *bring one with you*
vamos a mirarlas   *let us look at them*
y hablar sobre ellas   *and talk about them*

8.

necesitar   *to need, require*
alquilar   *to rent, hire*
la casa   *firm* (lit. *house*)
el precio   *price*
demasiado   *too much*
demasiado caro   *too expensive*
toda la familia   *the whole family*
el anuncio   *advertisement*
la fuerza   *strength*
el hecho   *fact*
la fuerza de los hechos   *facts don't lie*
nadie   *no-one*
más que nadie   *more than anyone*

el aeropuerto   *airport*
además   *also, in addition*
a precios competitivos   *at competitive prices*
alquile siempre   *always rent*
precios especiales   *special rates*
el alquiler   *rent, hire*
a largo plazo   *long term*
nuestra fuerza es nuestro esfuerzo   (lit.) *our
strength is the trouble we take* (English
slogan: 'we try harder')

Airline advertisement

la América Latina que tú quieres conocer   *the
Latin America which you want to get to know*
la quena del Ande   (special name for rustic flute
found in the Andes)
la samba   *samba* (Brazilian dance)
el mariachi   *Mexican band*
la catarata   *water-fall*
(el mar) Caribe   *Caribbean (sea)*
el Mar del Plata   (name of a well-known resort in
Argentina)
vivir   *to experience* (lit. *to live*)
son (from ser)   *they are*
todo incluido   *everything included*
billetes de avión   *air tickets*
el desayuno   *breakfast*
la excursión   *excursion*
el traslado   *transfer*
sobre todo   *above all*
¡qué gran diferencia!   *what a big difference!*
en vuelo regular   *by scheduled flight*
disfrutar   *to enjoy*
el servicio   *service*
ha hecho   *has made*
la 2ª línea aérea   *the second airline*
es el tuyo   *it is yours* (fam.)
la calidad   *quality*
desde . . . ptas.   *from . . . pesetas*
al mes   *per month*
lindo, -a   *pretty, beautiful*
conocerás   *you will get to know*
la cultura   *culture*
la pirámide   *pyramid*
el templo   *temple*
el legado   *legacy*
casonas coloniales   *colonial-style villas*

irás   *you will go*
totalmente   *totally*
artesanía popular   *folk craft*
el colorido   *colour(ing)*
el paraíso de alegría   *paradise of joy*
entra   *go into, enter*

una agencia de viajes   *travel agency*
pide el libro Mundicolor   *ask for the Mundicolor brochure*
viaja   *travel*
50 años haciendo amigos   *50 years of making friends*

Notes

a.   he estado, has estado, ha estado

This is a way of expressing the past in Spanish, and is usually used in conversation when referring to the recent past. Its official name is the *Perfect Tense*. This tense is very easy to form, as you take the Present Tense of *haber* (to have):

> he, has, ha, hemos, habéis, han

and then take the *Past Participle* of the verb concerned. In the case of verbs ending in *-ar* the Past Participle ends in *-ado*, e.g. estar, hablar, comprar become estado, hablado, comprado (GR.2.2 and 4),

e.g.

> He estado en el museo.   I have been to the museum.
> Ha comprado un coche nuevo.   He has bought a new car.

b.   lo, la

These stand for 'him', 'her' or 'it'. *Lo* is masculine, and *la* feminine. They are used for the direct object of a sentence when you don't want to repeat the noun, and usually come before the verb (Gr.19.1),

e.g.   ¿El centro?   *Lo* conozco.
       ¿La costa?   *La* conozco.
       ¿La Señora Pérez?   *La* conozco.

In a negative sentence, the *no* comes before the lo or la.

e.g.   *No* lo conozco./*No* la conozco.

c.   ¿cómo?

¿cómo? is used to mean 'What is . . . like?'

e.g.   ¿Cómo es Londres?   Londres es muy grande e interesante.

Compare ¿qué? (what?)

> ¿Qué es Londres? Londres es la capital de Inglaterra. (Gr.21.2)

Lección 6

Vocabulary

1.
¿quieren ver las fotos?   *do you want to see the photos?* (pol. pl.)
podemos verlas ahora   *we can see them now*
¡Miren Vds.!   *Look!* (pol. pl.)
ésta es/éste es   *this is*
la mujer   *woman, wife*
la plaza   *square, place*
bailar la sardana   *to dance the sardana* (folk dance from Catalonia)
éstos son/éstas son   *these are*
el mercado   *market*
indios con sus animales   *Indians with their animals*
esto   *this* (neuter)
la Plaza de Armas   (name given to the main square in many Latin American towns – lit. *Parade Ground*)

2.
¿has traído?   *have you brought?*
la música india   *Indian music*
¡ay!   *oh dear!*
lo he olvidado en casa   *I have left it at home*

3.
la familia   *family*
Vd. no las ha visto   *you haven't seen them*
¿verdad?   *have you?*
que   *which*
que nos ha recomendado   *which you recommended to us*
exacto   *exactly*
a la izquierda/derecha   *on the left/right*
el hijo, la hija   *son, daughter*
con su mejor amiga   *with her best friend*
la hemos invitado   *we have invited her*
Navidad/las Navidades   *Christmas*
rubio, -a   *blonde*
mi   *my*
el padre   *father*
los padres   *parents*
el marido   *husband*
el novio/la novia   *boyfriend, girlfriend, fiancé(e)*
los/las conoce Vd.   *you know them*
la amiga   *friend*

la madre   *mother*

3a.
tú   *your* (fam.)
¡mira!   *look* (fam.)
¡qué guapa!   *how pretty, attractive* (used of people)

4.
le voy a presentar a mi mujer   *I'll introduce you to my wife*
me gustaría presentarle   *I should like to introduce you*
mucho gusto   *pleased* (to meet you)
encantado, -a   *delighted* (in reply to an introduction)

4a.
¿no conoces a Andrés?   *don't you know Andrew?*
el chico/la chica   *boy, young man, girl, young woman*
moreno, -a   *dark-haired,* (dark) *brown*
el hermano/la hermana   *brother, sister*
¿no os conocéis?   *don't you know each other?*
posible   *possible*
¡oye!   *listen!*
no lo sabía   *I didn't know that* (lit. *it*)
¡hola!   *hello!*

5.
los dos   *both of them* (lit. *the two*)
trabajar   *to work*
él/ella está casado, -a   *he, she is married*
allí   *there*
es ecuatoriano, -a   *Ecuadorian, from Ecuador*
la consulta   *the surgery*
horas de consulta   *surgery hours*
tiene una consulta   *he has a surgery*
el hospital   *hospital*
hasta ahora   *up to now*
la oficina   *office*
la fábrica   *factory*
la tienda   *shop*
el taller de reparaciones   *repair shop*
la estación de servicio   *service station*

Notes

a. **Imperative or command form**

    e.g. ¡mire Vd.!

        ¡miren Vds.!   Look! (*polite form, singular and plural*)

For the polite form of the command the ending of the verb changes in the case of *-ar* verbs to *-e* and *-en*:

    e.g. ¡compre Vd. la casa!, ¡trabaje Vd. más!, ¡invite Vd. a sus amigos!, ¡alquile Vd. un coche!, ¡apunte Vd. la dirección del hotel!, ¡escuchen Vds. el cassette!, !hablen Vds. español!, ¡tome Vd. una aspirina!, ¡visite Vd. a su padre!, etc.

This form is also used in the negative:

        ¡no lo olvide Vd.!   ¡no alquilen Vds. un coche!, etc.

In the case of *-er* and *-ir* verbs the ending changes to *-a* and *-an*:

    e.g. ¡describa Vd. la casa!   ¡coman Vds. más!   ¡no escriban Vds. los nombres!

For the familiar form (tú) you simply take the second person singular of the Present Tense and cut off the *s:*

    e.g. ¡mira la televisión!   ¡compra la foto!   ¡habla español!, etc.

        ¡come la sopa!   ¡escribe la carta!, etc. (Gr.6)

For the familiar plural (vosotros), add *-d*:

    e.g. ¡mirad!   ¡comprad!   ¡hablad!   ¡comed!   ¡escribid!

For irregular forms see Gr.9.3.

b. Él es alemán – nationality is considered to be a permanent characteristic, but marriage is considered to be the result of a change or action hence *estar* and not *ser* is used: él (ella) *está* casado (-a) (Gr.10.1).

c. *este* = this; *ese* = that (*plural* estos, estas; esos, -as)

d. *los* and *las* are the plural of the direct object pronouns *lo* and *la* (Gr.19.1). Like these they come before the verb:

    e.g. mis amigos – ¿*los* conoce?

        mis amigas – ¿*las* conoce?

When used with an infinitive they are added on to the end of the infinitive:

    e.g. ¿las fotos? *las* he traído ¿quiere ver*las*?

Personal pronouns like *me, te, nos, os* behave in the same way:

    e.g. el hotel que Vd. *nos* ha recomendado   voy a llamar*te* esta tarde

e. Possessive adjectives   (Gr.20.1)

mi = my	nuestro = our
tu = your (fam.)	vuestro = your (fam. pl.)
su = his, her, your (pol.), their	

To avoid confusion, *su* may be replaced by *de él, de ella, de usted, de ustedes, de ellos,* or *de ellas.*

e.g. es su bolsa? sí, es la bolsa de ella
es su coche? sí, es el coche de ellos
las clases de usted son más interesantes que las clases de él (Gr.20.4)

f. Finally something which is peculiar to Spanish and very difficult to remember when you speak and write Spanish – the *personal a.* This *a* is placed in front of people when they are the object of the verb:

¿Conoce Vd. *a* mi novia? – No, no la conozco. (Gr.24.1)
¿Entiende Vd. *a* los franceses? – Sí, los entiendo bastante bien.
¿Va Vd. a invitar *a* Carmen? – Sí, la invito.
But it is not used after *tener:*

Tengo una hermana en el Perú.

Lección 7

Vocabulary

1.
¡dígame! *tell me* (what you want)
¿sabe Vd.? *do you know?*
¿dónde hay una farmacia por aquí?
       where is there a chemist around here?
hay . . . por aquí *there is (are) around here*
no lo sé *I don't know*
yo no soy de aquí *I'm not from this area*
       (around here)
el banco *bank*
el garaje *garage*
el supermercado *supermarket*
buen (short for bueno) *good*

2.
¿puede Vd. decirme si . . . ? *can you tell me*
       if . . . ?
el uno/la una está allí *(the) one is there*
enfrente de la iglesia *in front, facing; opposite*
       the church
el otro/la otra *the other*
es difícil explicarlo *it's difficult to explain (it)*
al lado de *next to, by the side of*
la oficina de correos (correos for short) *post*
       office

al otro lado de la calle *the other side of the street*
en la primera calle *in the first street*
a cien metros de aquí *100 metres from here*

3.
el consulado *the consulate*
perdón *excuse me*
¿podría Vd. decirme? *could you tell me?*
alemán, -a *German*
pregunte Vd. a un guardia *ask a policeman*
la estación (del) ferrocarril *(railway) station*
la parada del autobús *bus stop*
la estación del metro *underground station*
el próximo, la próxima *the next*

4.
estoy buscando un bar *I am looking for a bar*
debe estar por aquí *it must be round here*
no lo encuentro *I can't find it* (lit. *I don't find it*)
un poco más arriba *a little further up*
junto a *next to*
a unos 50 metros *about 50 metres from here*
lo veo *I (can) see it*

5./5a.
¡tome Vd!/¡tomen Vds!   *take*
el puente   *the bridge*
dices   *you* (fam.) *say, tell*
fácil   *easy*
tomas   *you* (fam.) take
toma   *you* (pol.) *take*
ahí   *there*
allí   *over there (further away)*

6.
está haciendo planes   *he is making plans*
está hablando por teléfono   *he is speaking on the telephone*
están charlando   *they are chatting*
cuando está en casa   *when is he at home*
llamar (por teléfono)   *to ring up, to phone*
nadie   *nobody*
no puedo llamar a nadie   *I can't ring anybody*
ni   *nor*
está telefoneando   *he is telephoning*
sin parar   *without stopping*
de momento   *at the moment*
¿es que . . . ?   *is it that . . . ?*
ir de vacaciones   *to go on holiday*
tiene 18 años   *he is 18 years old*

7.
extranjero, -a   *foreign, foreigner*
soy inglesa   *I am an Englishwoman*

soy de Londres   *I am from London*
otros idiomas   *other languages*
el francés   *French (language), Frenchman*
hablo mejor   *I speak better*

7a.
¿de dónde eres?   *where are you* (sing.) *from?*
¿de dónde sois?   *where are you* (pl.) *from?*
somos catalanas   *we are from Catalonia, we are Catalans* (Catalonians)

8.
hablar más despacio   *to speak more slowly*
no le entiendo bien   *I can't* (lit. *don't*) *understand you very well*
perdone Vd.   *forgive me, sorry*
de prisa   *quickly, fast*
repetir   *to repeat*
hablar más alto   *speak louder*
las palabras   *words*
que le interesa, -an   *which interest you*
aprenda Vd.   *learn*
sólo   *only*
Inglaterra   *England*
Suiza   *Switzerland*
suizo, -a   *Swiss*
Francia   *France*
italiano, -a   *Italian*
austríaco, -a   *Austrian*

Notes

a.   *Ser* + adjective indicates what someone or something is, i.e. a permanent characteristic:

   e.g.   soy español
   Carmen es guapa
   la ciudad es pequeña

   It is also used to describe a person's profession:

   e.g.   soy médico

   or to say where someone is from

   e.g.   soy de Madrid

   See Gr.10.1.

b.   *hay* = there is, there are and is invariable:

   e.g.   hay una fábrica en esta calle
   hay dos fábricas en la ciudad (Gr.10.4)

c.

$$\text{estamos} \begin{cases} \text{charlando} \\ \text{haciendo planes} \\ \text{escribiendo cartas} \end{cases} \quad \text{we are} \begin{cases} \text{chatting} \\ \text{making plans} \\ \text{writing letters} \end{cases}$$

The *-ndo* form of the Spanish verb corresponds to the '-ing' in English, and is used with estar to describe an action going on at a given time.

For *-ar* verbs, it ends in -ando, e.g. hablando, charlando.

For *-er* and *-ir* verbs, it ends in *-iendo*, e.g. escribiendo, haciendo.

For fuller notes, see Gr.3.

d. Nouns cannot be used together in Spanish as they sometimes are in English; they must be linked by *de* or *de* + the definite article:

post office	oficina *de* correos
telephone number	número *de* teléfono
service station	estación *de* servicio
the bus stop	la parada *del* autobús
	(Gr.24.3)

e. *Vd.* (you, polite) is usually only used once in a conversation and not repeated. To pay a compliment, it is often put after the verb:

e.g. habla Vd. muy bien español

es Vd. muy guapa

f. *tener que* expresses something you have to do as a necessity:

e.g. tengo que trabajar, tengo que ir a la oficina

deber expresses something you ought to do, or something you believe to be true:

e.g. debo visitar a mi amigo

México debe ser interesante

el bar debe estar por aquí   (Gr.10.3)

Lección 8

Vocabulary

1.

¿qué hora es?   *what time is it?*
es la una   *it is one o'clock*
son las dos   *it is two o'clock*
las ocho en punto   *eight o'clock exactly*
las tres y cinco (minutos)   *five past three*
las tres y cuarto   *quarter past three*
las tres y media   *half past three*
las cuatro menos cuarto   *quarter to four*
las cuatro menos 25   *25 to four*

2.

¿a qué hora?   *at what time?*
a la una   *at one o'clock*
a las siete   *at seven o'clock*
irse   *to leave, to go away*
salir   *to leave, to depart*
le quedan dos horas   *you have two hours left* (lit. *to you remain two hours*)
¿otro café?   *another coffee*
el camarero   *waiter*

¡traíganos! *bring us*
un vaso de agua *a glass of water*
tengo sed *I am thirsty*
tengo una sed *I am very thirsty*
hace calor *it is hot*
¡qué calor hace! *how hot it is!*
¿cúando se va Vd.? *when are you leaving?*
hoy o mañana *today or tomorrow*
vuelvo mañana *I am returning tomorrow*
probablemente *probably*

2a.

¿te vas? *are you leaving?*
quedarse *to stay*
¿quieres quedarte? *do you want to stay?*
para la cena *for supper*
me están esperando *they are waiting for me*
en casa *at home*
llamar por teléfono *to phone*
les dices que . . . *you tell them that . . .*
cenar *to have supper*
después *afterwards*

3.

¿cúando podríamos vernos? *when could we see each other?*
volver a verle *to see you again*
¿cúando tienes tiempo? *when do you have time?*
el próximo fin de semana *next week-end* (lit. *end of the week*)
el domingo por la tarde *on Sunday afternoon*
por la mañana *in the morning*
salir fuera *to go out of town, go for a trip into the country*
todo el día *all day, the whole day* (lit. *all the day*)
¿no te parece? *don't you think?* (lit. *doesn't it seem to you?*)
a las once de la mañana *at eleven in the morning* (lit. *of the morning*)
paso por tu casa *I'll come to your house*
¿de acuerdo? *agreed? all right?*
el sábado por la noche *on Saturday evening*
te digo *I'll tell you*

tengo que marcharme *I have to go*
adiós *good-bye*
el lunes/el martes/el miércoles/el jueves/el viernes/el sábado *on Monday, on Tuesday, on Wednesday, on Thursday, on Friday, on Saturday*
abierto, -a *open*
el descanso *rest (day of rest)*
el horario *timetable*
la carnicería *butcher's shop*
el cine *cinema, film*
la función *performance, show*
la despedida *farewell, leave-taking*
el cierre *close-down* (TV)

4.

vamos a comparar *we're going to compare, let's compare*
¿qué es igual? *what is the same?*
¿qué es diferente? *what is different?*
el país *country*
las tiendas abren *the shops open*
cierran *(they) shut*
los cines empiezan *the films begin*
el programa termina *the programme ends*
mucha gente *many people*
salir del trabajo *to leave work*
antes de las 7 *before 7 o'clock*
llegar a casa *to arrive home*
después del trabajo *after work*
generalmente *generally*
desayunar *to have breakfast*
comer *to eat* (in general), *have lunch*
de dos a tres *from two to three*

5.

el vuelo *flight*
Iberia *Spanish national airline*
tiene retraso *is delayed, late* (lit. *has delay*)
se ruega a los viajeros *the passengers are requested*
la escala *stop, stop-over* (flight)

Notes

a. tomamos otro café   let's have (*lit.* take) another coffee
     esperamos media hora   let's wait half an hour

Spanish does not use *un* or *una* before *otro* or *medio*. (GR.14.9).

b. ¡llámame Vd.!   ring me up!

The pronoun object (me, te, etc.) is added to the end of the command, as with the Infinitive. (See Lección 6, note (d) and Gr.12.2.)
Note that the written accent mark is used to make sure that the stress falls on the same syllable as it would if the pronoun were not there.

c. Certain words require a specific preposition before a following Infinitive:

e.g.   volver *a* ver   = *to see again*
       volver *a* preguntar   = *to ask again*
       empezar *a* trabajar   = *to begin work*   (Gr.11.2)

d. Reflexive verbs (see Gr.12.1).

Lección 9

Vocabulary

1.
¡dígame!   *tell me! hello!* (on telephone)
quería decirle que   *I wanted to tell you that . . .*
salgo de viaje   *I'm going on a trip*
antes   *before*
el contrato de trabajo   *work contract*
he quedado con unos amigos   *I have a date with some friends*
no importa   *that doesn't matter*
¡cuánto lo siento!   *I'm so sorry*
tiene que ser hoy mismo   *it must be today* (lit. *today itself*)
entonces   *then, in that case*
hasta luego   *until later*

2.
es tarde   *it is late*
cambiar dinero   *to change money*
exactamente   *exactly*
los grandes almacenes   *the big stores*

3.
llegamos a tiempo   *we'll arrive on time*
llegar tarde   *to arrive late*
no se preocupe   *don't worry*
si toma un taxi   *if you take a taxi*
hasta pronto   *'bye for now* (lit. *till soon*)

4.
RENFE (Red Nacional de Ferrocarriles Españoles)   *Spanish National Railways*
el servicio   *service*
el atasco   *traffic jam*
la salida   *departure*
la llegada   *arrival*
fechas de circulación   *dates on which services operate*
enlazar (con)   *to connect (with)*
continuar   *to continue*
regular   *regular*
reservar   *to reserve*
¿a cuántos estamos hoy?   *what date is it today?*

5.
va a hacer un día estupendo   *it's going to be a marvellous day*
salimos de excursión   *we are going on an excursion*
la Cordillera Blanca   *mountain range in Peru* (highest peak Huascarán 6,768 metres)
hay que   *one has to*
levantarse   *to get up*
¡qué barbaridad!   *how awful!*
¿tan temprano?   *so early*
vale la pena   *it's worth it (the trouble)*

¿qué tiempo hace? *what's the weather like?*
¿qué tiempo ha hecho? *what has the weather been like?*
¿qué tiempo va a hacer? *what will the weather be like?*
hace buen tiempo *it's good weather*
hace sol *the sun is shining*
hace calor/frío *it is hot/cold*
hace 30 grados *it's 30 degrees (Centigrade)*
hace mal tiempo *the weather is bad*
hace viento *it is windy*
bajo cero *below zero*
llueve/ha llovido *it is raining/has rained*
nieva/ha nevado *it is snowing/has snowed*
ha hecho buen tiempo *it has been good weather*

El tiempo *The weather*
la temperatura *temperature*
extremo, -a *extreme* (maximum and minimum)
ayer *yesterday*
el extranjero *abroad*
máximo, -a *maximum*

mínimo, -a *minimum*
inestable *unsettled*
la tormenta *storm*
la niebla *fog, mist*
la lluvia *rain*
la nieve *snow*
nubloso *cloudy*
(el) cielo cubierto *overcast*

La contaminación hoy *Pollution today*
contaminado *polluted*
la glorieta *roundabout*
global *total, overall*
ligero, -a *slight, light*
mantenerse *to continue, to remain*
la tendencia *trend*
elaborado *drawn up, produced*
los datos oficiales *official data*
admisible *permissible*
la superación *exceeding*
la emergencia *emergency*
primer/segundo/tercer/grado *first/second/third degree*

Notes

a. ¡no se preocupe!   don't worry! (pol.)
   ¡no lo olvide!   don't forget! (pol.)

The pronoun object always comes before the verb in a negative command (Gr.6).

b. buen tiempo   good weather
   mal tiempo   bad weather

Before a masculine noun in the singular, *bueno* and *malo* are shortened to *buen* and *mal*. This does not apply with feminine nouns (una *buena* idea, una *mala* idea) (Gr.16.5).

c. **Adverbs**
   To make an adverb out of an adjective, you simply take the feminine form of the adjective and add -*mente:*

   e.g. son *exactamente* las 3   from exacto, *exacta*
      estoy *estupendamente* hoy   from estupendo, *estupenda*
      Pepe escribe *claramente* que no viene   from claro, *clara* (Gr.17.1)

Adjectives ending in *-e* or in a consonant add *-mente*

e.g. *probablemente* lo sabe   from *probable*
      normalmente trabaja   from *normal*
      trabajo *generalmente* hasta   from *general*
         las 6 de la tarde

d   *cuánto* can be used in a verb with exclamations:
      e.g. ¡cuánto lo siento!   I'm so sorry!
          ¡cuánto trabaja!   he works so hard!

Compare the normal use of *mucho* + verb:

e.g. lo siento mucho   I am very sorry
      trabaja mucho   he works a lot

e.   hace buen tiempo   it is nice weather
       hace calor   it is warm

The state of the weather is often expressed with *hace* (from *hacer*) plus a noun.

f.   The Past Participle of *-er* and *-ir* verbs ends in *-ido*:

e.g. llover   llovido
      comer   comido
      salir   salido

g.   *quedar, quedarse, quedar con*
      quedar = to be left, to remain   e.g. me queda media hora = I have half an hour left
                                         (*lit.* half an hour remains to me)

quedarse = to stay, remain   e.g. no me marcho, me quedo = I am not going, I
     (of subject)   am staying

quedar con = to make an   e.g. he quedado con Carmen – nos vemos a las 8 =
     appointment or date   I have made a date with Carmen, we are
                                        meeting at eight

Lección 10

Vocabulary

1.

los domingos   *on Sundays*
dar una vuelta   *to go for a walk*
nos reunimos   *we meet*
a veces   *sometimes*
ir de paseo   *to go for a stroll*
ir al teatro   *to go to the theatre*
todo depende de si . . .   *it all depends whether . . .*

estamos a primeros de mes   *it is* (lit. *we are at*)
     the beginning of the month
estamos a finales de mes   *it is* (lit. *we are at*) *the*
     end of the month
hago   *I do*
tantas cosas   *so much, so many things*
la piscina   *the swimming pool*

esquiar   *to ski*
sobre todo   *above all*
de todas formas   *in any case*
como   *as*
durante la semana   *during the week*
todos los días   *every day* (lit. *all the days*)
estoy sentado, -a   *I am seated*
estudiar   *to study*
la clase   *class*
hago algo de deporte   *I do some sport*

2.

el domingo que viene   *next Sunday* (lit. *the
    Sunday that is coming*)
ir al campo   *to go into the country*
ir a la montaña   *to go to the mountains*
bañarse   *to bathe*
voy a ver a unos amigos   *I shall see some friends*
ir al fútbol   *to go to a football match*
ir a los toros   *to go to a bull fight* (lit. *to the bulls*)
oír música   *to listen to music* (lit. *to hear music*)
ver la «tele» (televisión)   *to watch television*
duermo una buena siesta   *I have a nice
    afternoon sleep*

3.

el tiempo libre   *free time*
en realidad   *in reality, really*
la diapositiva en color   *colour slide*
el periódico   *newspaper*
la revista   *magazine*
el libro   *book*
el disco   *record*
el niño, la niña   *child*
jugar   *to play* (*a game*)
tocar (un instrumento)   *to play* (*an instrument*)
la guitarra   *guitar*
no hacer nada   *to do nothing*
descansar   *to rest*

3a.

algún deporte   *some kind of sport*
prácticamente ninguno   *practically none*
resulta caro   *it gets expensive*
oigo música   *I listen to music*
juego al ajedrez   *I play chess*
con ellos   *with them*
no voy nunca   *I never go*
nadar   *to swim*
jugar al tenis   *to play tennis*
montar a caballo   *to ride a horse*
montar en bicicleta   *to ride a bicycle*

4.

cambiar   *to change*
¿qué ha dicho la radio?   *what did it say on the
    radio?*
dice que va a cambiar   *he says it will change*
. . . digo yo   *I say, I think*
es mejor que no vayamos   *it is better that we
    do not go*

La juventud española en su tiempo libre
    Spanish youth in their free time
la pregunta   *question*
los ratos libres   *leisure, spare time*
el joven, los jóvenes   *young person, young
    people*
la mayoría   *the majority*
contestar   *to answer*
entre   *between*
la ocupación activa   *active occupation*
los menos   *the minority* (lit. *the fewest*)
pasar el tiempo   *to spend time*
de una forma más pasiva   *in a more passive way*
el 30 por ciento   *30 per cent*
diariamente   *daily*
las revistas más leídas   *the most read magazines*

Notes

a.   todos los días   = every day (*lit.* all the days)
       todo el día   = all day
       todas las casas   = all the houses, every house (Gr.23.1)

b.   ¿hace Vd. algún deporte?   do you do any (sort of) sport?
       ¿no hace ningún deporte?   don't you do any sport?
       alguna habitación con ducha   any room with a shower
       ninguna habitación   no room

alguno and *ninguno* drop their -o before a masculine noun, but retain it when used on their own:

 e.g. alguno de ellos   one of them
   prácticamente ninguno practically none (Gr.16.5 and 23.3)

c. Negatives like *nadie*, *nunca* and *nada* require *no* before the verb:

 e.g. no está nadie   there is no-one there
   no hago nada   I am doing nothing
   no voy nunca   I never go
   no voy tampoco   I'm not going either (Gr.26.2)

d. Words like *como, cuando, que*, etc. are written without a stress mark when they are not used as question words:

 e.g. cuando voy a Madrid, voy en avión
 but ¿cuándo vas a Madrid?

   como llueve, no voy
 but ¿cómo está Vd.?

   el tren, que viene de Barcelona, llega a las 2
 but ¿qué hay en la plaza?

e. The Past Participle is often used as an adjective, and in this case agrees with the noun it describes.

 e.g. todos los días estoy sentado
   las revistas más leídas

In this case, the participle is used either with *estar*, or on its own immediately after the noun it describes.

f. **El paseo**
This is a typical Spanish custom, and means a stroll through the streets in the afternoon or evening, stopping on the way to talk to friends and to go for a drink in a bar or café. The idea is to see and be seen, so best clothes are the order of the day.

Lección 11

Vocabulary

1.

¿me trae el menú? *would you bring me the menu?*

aquí lo tiene *here it is* (lit. *here you have it*)

¿qué me recomienda? *what do you recommend (to me)?*

el plato del día (lit. *dish of the day*) (includes starter and sweet)

el gazpacho *gazpacho* (Andalusian cold soup made with tomatoes, cucumber and peppers)

la ternera *veal*

ternera asada *roast veal*

el pollo *chicken*

las patatas fritas *chips*

la ensalada *salad*

de postre *as a sweet, dessert*

la fruta *fruit*

el flan *crême caramel*

el helado *ice cream*

la sopa (fría/caliente)   *(hot/cold) soup*
picante   *spicy, highly seasoned*
hecho con tomate   *made with tomato*
el pepino   *cucumber*
la especie   *kind, sort*
refrescante   *refreshing*
le gustará   *you will like it* (lit. *it will please you*)
con este calor   *in* (lit. *with*) *this heat*
¡tráigamelo!   *bring it to me*
la carne   *meat*
¿no tiene mucha grasa?   *doesn't it have a lot of fat?*
¿y de beber?   *and to drink?*
un vino (blanco/tinto)   *wine (white/red)*
un vino blanco de la casa   *a house white (wine)*

2.

hay que saber adónde ir   *you have to know where to go*
he reservado una mesa   *I have reserved a table*
famoso, -a   *famous*
el plato típico   *regional dish/speciality*
los mariscos   *shellfish*
el pescado   *fish (cooked)*
la cocina   *cuisine*
excelente   *excellent*
desde luego   *of course, naturally*
de primer plato   *as a first course*
la verdura   *vegetables, greens*
encargar   *to order*
de vez en cuando   *from time to time*
la paella   *paella* (Valencian speciality with rice, chicken, seafood, tomatoes and peppers)
el huevo   *egg*
huevo duro   *hard boiled egg*
el queso   *cheese*
(el) surtido de fiambre   *cold meat platter (selection of cold meats)*
los caracoles   *snails*
el jamón   *ham*
la tortilla española   *Spanish omelette* (made with eggs, potatoes and onions)
la merluza frita o al horno   *hake fried or baked*
calamares a la romana   *squid fried in batter*
el langostino   *large prawn, crayfish*
la fritura de pescado   *selection of fish fried in batter*
el lomo de cerdo   *loin of pork*
el conejo   *rabbit*
el cordero asado   *roast lamb*
la costilla   *rib*

el melocotón en almíbar   *peach in syrup*
el ron   *rum*
queso manchego   *cheese from La Mancha*
la parrilla   *grill*
la madrugada   *early morning, dawn*

3.

¿qué les traigo?   *what shall I bring you?*
la cerveza   *beer*
un jugo de naranja   *orange juice*
la tapa   *snack, delicacy* (served at the bar with drinks)
la aceituna   *olive*
el mejillón   *mussel*
las gambas al ajillo   *prawns in garlic sauce*
rico, -a; riquísimo, -a   *tasty; extremely tasty*
probar   *to try*
la cuenta   *bill*
al mismo tiempo   *at the same time*
vale   *all right, in order*
el refresco   *refreshment, refreshing drink, cool, soft drink*
una botella de agua mineral   *a bottle of mineral water*
el jerez dulce/seco   *sweet/dry sherry*
la sangría   *sangria* (Spanish drink made of red wine, lemonade, fruit and liqueur)
un té con limón   *tea with lemon*
un café solo   *black coffee*
un café con leche   *white coffee*

4.

(no) tengo hambre   *I am (not) hungry*
¿quieres que comamos?   *shall we eat?* (lit. *do you wish that we should eat?*)
lo que tengo es . . .   *what I have got is . . .*
una sed enorme   *a gigantic thirst*
preparar   *to prepare*
la ensalada de tomate y lechuga   *tomato and lettuce salad*
lo mejor   *the best*
el bocadillo   *large sandwich, filled roll*

El arte de comer   *The art of eating*
el arte   *the art, skill*
humilde   *humble*
sino   *but* (used after *no* as a contradiction)
artístico, -a   *artistic*
cocinar   *to cook*
astutamente (*from* astuto, -a)   *astutely, cleverly*

Santa Teresa   Saint Teresa of Avila
   (a mystic of the 16th century)
decía   *used to say* (from *decir*)
«Dios anda también entre los pucheros»
   "God walks among the cooking pots too."
feliz (*pl.* felices)   *happy*
la propietaria   *owner*
en vez de descansar   *instead of relaxing*
la especialidad   *speciality*
por el simple gusto de cocinar   *for the sheer*
   pleasure of cooking
brillante   *brilliant*
Gregorio Marañón   Spanish doctor of
   medicine and historian (1836–1960)

el alma   *soul*
fundamental   *basic, fundamental, essential*
no podía faltar   *had to include* (lit. *could not*
lack)
el capítulo   *chapter*
sencillo, -a   *simple*
necesitar   *to require*
hoy día   *nowadays*
ahora mismo se lo traigo   *it's coming at once*
   (lit. *I'll bring it to you straightaway*)
no lo va   *won't do*
la sencillez   *simplicity*
la rapidez   *speed*
el pastor   *shepherd*

Notes

a.   position of object pronouns
When there are two object pronouns (direct and indirect objects), the *indirect* one always comes first – this applies whether they come before the verb or are added on to the infinitive or the imperative. (Gr.19.6)

   e.g. me lo trae = he brings it to me
         ¡traígamelo! = bring it (*lo*) to me (*me*)!
         quiero dártelo = I want to give it (*lo*) to you (*te fam.*)

b.   *hay que* means 'one must (do something)':

   e.g. hay que saber adónde ir = you have to (one must) know where to go

This useful idiom can be used with any infinitive (Gr.10.5).

c.   *primero* is shortened to *primer* before a masculine noun (Gr.16.5):

   e.g. el primer plato = the first course
         cf. el primero = the first
         la primera semana = the first week

grande is shortened in the same way to *gran* before both masculine and feminine nouns:

   e.g. una gran ciudad = a big town
         un gran número = a large number

d.   *comamos*
This is a Subjunctive form of the verb, about which you will learn more in a later lesson. The normal Present Tense would be *comemos* = we eat.

e.   Use of *lo que*
This literally means 'that which', but it is often best translated by 'what':

   e.g. lo que tengo es tiempo = what I do have is time
         lo que me interesa saber es = what I want to know is
         lo que no entiendo es = what I don't understand is   (Gr.22.2)

f. When you are ordering from a menu, you may find the expression *me gustaría* (= I should like) useful. This is the Conditional (Gr.2.7).

g. This and that (when used on their own)
éste, ésta, esto, pl. éstos, éstas = this, these
ése, ésa, eso, pl. ésos, ésas = that, those   (Gr.19.11)

Lección 12

Vocabulary

1.
¿quiere que le deje algo?   *do you want me*
   to lend you something?
estoy casi sin dinero   *I have hardly any money*
   (lit. *I am almost without money*)
siempre me pasa lo mismo   *this* (lit. *the same*)
   is always happening to me
me doy cuenta   *I realize (it)*
precisamente   *precisely, exactly*
en ningún sitio   *nowhere* (lit. *in no place*)
tengo suficiente   *I have enough*
¿cuánto necesita?   *how much do you need?*
el problema   *problem*
mil   *one thousand*

2.
le acompaño   *I'll accompany you*
el concierto   *concert*
si le parece   *if you wish/like*
a lo mejor   *perhaps, probably*
si quedan entradas   *if there are any tickets left*

3.
¿quiere que le acompañe?   *do you want me to*
   come with you?
la agencia de viajes   *travel agency*
desgraciadamente   *unfortunately*
informarse   *to find out* (lit. *to inform oneself*)
¿quiere que le lleve?   *shall I take you?*
sacar el billete   *to buy the ticket*

4.
no se moleste Vd.   *don't go to any trouble*
¿quiere Vd. que . . . saquemos el billete?   *do*
   you want us . . . to buy the ticket?
¡déjelo!   *leave it*

en dirección de Madrid   *in the direction of*
   Madrid
lo haré   *I'll do it*
yo mismo   *I myself*
es Vd. muy amable   *you are very kind*
necesario, -a   *necessary*

5.
el compañero, la compañera de trabajo
   colleague, workmate
quince días   *a fortnight*
el contacto   *contact*
a ver si   *let's see if*
hacer algo por su compañero   *to do something*
   for your colleague
desde   *from*
la importación/exportación   *import/export*
visitar a alguien   *to visit somebody*

6.
el reloj   *watch*
la mesilla de noche   *bedside table*
pequeñito, -a   *tiny*
las gafas de sol   *sunglasses*

El folklore musical en los Andes   *Folk music in*
   the Andes
ha sido siempre   *has always been*
la vida   *life*
el relato   *record, account*
el siglo XVI   *the 16th century*
el pueblo   *people, race*
la variedad   *variety*
la canción   *song*
quechua   *Andes Indian* (people and language)

aimará   *Indian of Bolivia and Peru*
conservar   *to keep, to preserve*
gran parte de   *a large number*
a través de   *through*

numeroso, -a   *many*
la alegría   *happiness, joy*
la belleza   *beauty*
el arpa (*fem.*)   *harp*

Notes

a.   Subjunctive after *querer*
The form of the verb used after querer is the same as that used for the polite Imperative (which you met in lesson 6). Its name is the Present Subjunctive, and it is used in Spanish after verbs of wanting and requesting. (Gr.5.3)

    e.g.   ¿quiere Vd. que tomemos un taxi?   do you want us to take a taxi. (*lit*. do you wish that we should take a taxi?)
           ¿quiere Vd. que le traiga café?   do you want me to bring you a coffee? (*lit*. do you wish that I should bring . . .)
           ¿quiere Vd. que vayamos al cine?   shall we go to the cinema? (*lit*. do you want that we should go . . .)
           no quiero que bebas tanto   I don't want you to drink so much. (*lit*. I do not wish that you should . . .)

b.   Use of *se* in impersonal expressions
se can be used in impersonal expressions like

        se puede cambiar dinero = one can change money
        se habla español = Spanish is spoken (*lit*. one speaks Spanish)

This is a useful way of expressing a passive idea.

    e.g.   esto se puede hacer fácilmente = this can easily be done (Gr.13.1)

c.   *mismo -a* (*pl. mismos, -as*) can be used with a noun or pronoun to mean 'myself, yourself, themselves', etc.

    e.g.   yo mismo lo hago   I (shall) do it myself

mismo agrees with the person concerned:
        nosotros mismos   we ourselves (*masc.*)
        nosotras mismas   we ourselves (*fem.*)

mismo can also mean 'same' (Gr.16.3.4).
        Utilizamos los mismo libros.   We are using the same books.

d.   *lo* can be used with an adjective to mean 'the . . . thing':

    e.g.   lo bueno es . . .   the good thing is . . .
           lo mejor   the best thing
           lo mismo   the same thing   (Gr.14.6)

Lección 13

Vocabulary

1.

la librería   *bookshop*
la guía   *guide book*
se los puedo dar   *I can give them to you*
ahora mismo   *right now, immediately*
se la puedo mandar   *I can send it to you*
por correo   *by post*
seguro que llega   *it's sure to come* (lit. *certainly that it comes*)

2.

el puerto   *port*
¡qué mariscos tan frescos!   *how fresh the shellfish is!*
acaban de llegar   *they have just arrived*
hace una hora   *an hour ago*
el mar   *sea*
¿cuánto cuesta el kilo?   *how much does a kilo cost?*
la langosta   *lobster*
novecientas pesetas   *nine hundred pesetas*
ha subido muchísimo   *it has gone up a lot* (in price)

3.

a ver . . .   *let's see . . .; let's think it over*
un litro de leche   *a litre of milk*
el aceite   *oil*
el pan   *bread*
la mantequilla   *butter*
el azúcar   *sugar*
el paquete de sal   *packet of salt*
medio kilo de arroz   *half a kilo of rice*

4.

quisiera   *I should like*
200 gramos de jamón   *200 grammes of ham*
el viaje será largo   *the journey will be long*
¿nos llevamos algo?   *shall we take something with us?*
algo de comida   *something to eat; some food*
no perdemos tanto tiempo   *we shan't waste so much time*
vende de todo   *it sells everything* (*it* = the shop)
entrar   *to enter, to go into*

un cuarto de kilo   *a quarter of a kilo*
en seguida   *at once, immediately*
de éste/de ése   *of this/of that*
Fruit
el plátano   *banana*
la manzana   *apple*
la pera   *pear*
el melocotón   *peach*
el albaricoque   *apricot*
el melón   *melon*
la cereza   *cherry*
la ciruela   *plum*
la fresa   *strawberry*

Vegetables
las espinacas   *spinach*
las judías   *green beans*
los guisantes   *peas*
la coliflor   *cauliflower*
la lechuga   *lettuce*
la alcachofa   *artichoke*
la zanahoria   *carrot*

5.

el regalo   *present*
se lo meto en una bolsa   *I'll put it in a bag*
el plástico   *plastic*
la botella de jerez   *bottle of sherry*
se la envuelvo   *I'll wrap it for you*
el papel   *paper*

6.

el carrete   *reel/spool of film*
el recuerdo   *souvenir, memento*
el material fotográfico   *photographic materials*
la caja   *cash desk*
la bebida   *drink*
complicado   *complicated*

Canción popular española   *A Spanish folk song*
la uva   *grape*
el corazón   *heart*
¡ay!   *alas*
el cariño   *love, tenderness*

para quererte   *to love you*
se dice   *it is said*
niégalo (negar)   *deny it*
vida mía   *my love, my sweet*

Gazpacho andaluz   *Andalusian gazpacho*
    (cold soup)
los ingredientes   *ingredients*
la cantidad   *quantity*
el ajo   *garlic*
el diente   *clove* (lit. *tooth*)
la cucharada   *spoon*
el vinagre   *vinegar*
el modo   *method*
el mortero   *mortar*
cortar   *to cut*
machacar   *to crush, pound*
añadir   *to add*
el trozo   *piece*
mojar y estrujar   *to wet and to squeeze out*
mezclar bien   *to mix well*
la salsa mahonesa   *mayonnaise*
verter, (-ie)   *to pour*
el colador   *colander*
la sopera   *soup tureen*
el cuadradito   *cube*
se sirve   *is served*
echar   *to put* (lit. *throw*)
la batidora eléctrica   *electric mixer*
la nevera   *refrigerator*
cubitos de hielo   *ice cubes*

El alegre día de los muertes   *The happy day of
    the dead*
el día de los muertos   *All Saints' Day
    (1st November)*
la alegría   *joy*
la fiesta   *festival*
recibir   *to receive*
el juguete   *toy*
el dulce   *sweet*
representar   *to represent*
la cabeza de muerto   *skull*
el muerto   *corpse*
esqueletos de chocolate, azúcar o mazapán
    chocolate, sugar or marzipan skeletons
    (el chocolate, el mazapán)
la muerte   *death*
la vida   *life*
la flor   *flower*
lentamente   *slowly*
por todas partes   *on all sides, everywhere*
la costumbre   *custom*
la campana   *bell*
mientras   *while*
la comida festiva   *festive meal*
adornado   *adorned*
la segunda llamada   *second call*
el ama de casa (*fem.*)   *housewife*
llamar por su nombre   *to call by name*
la parte   *portion*
sentarse   *to sit down*
hacer visitas   *to make visits*

Notes

a.   *se lo, se la*, etc.
When two object pronouns come together before the verb, and both represent the 3rd person singular or plural (i.e. *le, lo, la, los, las*), the first one always changes to *se*:

e.g.   le doy el libro   = I give him the book   : *se* lo doy
       le doy la guía   = I give him the guide   : *se* la doy
       le doy los libros   = I give him the books   : *se* los doy

This *se* has nothing to do with the reflexive pronouns. (Gr.19.6)

b.   **Future Tense**
Up to now, we have used the Present Tense for the immediate future, or the expression *ir a* (to be going to do something):

e.g.   voy a aprender español

For events further in the future, the Future Tense itself is used. This is easy to form; you just take the Infinitive of the verb and add the following endings: *-é, -ás, -á, -emos, -éis, -án:*

> e.g.　el viaje será bastante largo = the journey will be quite long
> ¿comprará Vd. la langosta? = will you buy the lobster?
> el pescado subirá más este año = fish will go up more this year (Gr.2.6)

c.　For polite requests and wishes the following expressions are useful:
¿podría Vd. . . . ?, me gustaría . . . , me interesaría . . . , preferiría . . .　(Gr.2.7)

> e.g.　¿podría Vd. decirme dónde está el consulado? = could you tell me where the consulate is?
> me gustaría ir al cine = I should like to go to the cinema
> me interesaría saber si viene = I would be interested to know if he is coming
> preferiría quedarme en casa = I would rather stay at home

Quisiera (from *querer*) is also used a lot in the same way, meaning 'I should like . . .':

> e.g.　quisiera 200 gramos de jamón = I should like 200 grams of ham
> quisiera saber si viene = I should like to know if he is coming

Technically the first four verbs mentioned in this note are in the Conditional Tense, while *quisiera* is Subjunctive – but in practice the meaning is similar.

d.　The object pronoun is sometimes used in Spanish where you wouldn't in fact expect it. For instance, when a noun object is put before the verb (for emphasis) it must be repeated by the object pronoun:

> e.g.　los libros ya los tenemos = we already have the books
> las bebidas las tiene Vd. todas a un lado de la tienda = you have all the drinks on one side of the shop
> la guía no la tengo = I do not have the guide (Gr.19.5)

e.　*acabar de* + Infinitive = to have just done something.

> e.g.　acabo de llegar = I have just arrived
> acabamos de llamar = we have just rung up

f.　*hace* in expressions of time means 'ago':

> e.g.　hace una hora = an hour ago
> hace poco = a short while ago

g.　The preposition *por* has various uses (Gr.24.6).

> 1.　It can express '(means) by (which)':
>
> > e.g.　por teléfono = by telephone
> > por correo = by post
> > mandar por avión = to send by air
> > BUT　ir en avión = to go by air
>
> 2.　It can express 'by' or 'through':
>
> > e.g.　voy a pasar por el banco = I am going by (past) the bank
> > va por el parque = he is going through the park
> > llamar por su nombre = to call by name

3.   It can be used to mean 'because of':

e.g.   por estar muy cansado = because of being very tired.

4.   Note the following useful expressions:

por la mañana	in the morning
por la noche	at night
por aquí	around here, nearby
por ejemplo	for example
¿por qué?	why?
porque	because
el 50 por ciento	50 per cent
se vende por 15 dólares	it sells for 15 dollars

h.   *¡qué!* can be used as an exclamation with *tan* or *más* (Gr.21.5):

e.g.   ¡qué mariscos tan frescos! = what fresh shellfish!
¡qué señora más guapa! = what an attractive lady!

i.   The numbers from 100 onwards agree in gender with the noun they describe (Gr.18.1):

e.g.   quinientos libros = 500 books
quinientas pesetas = 500 pesetas
doscientos niños = 200 children

Lección 14

Vocabulary

1.

Muy señores míos   *Dear Sirs*
la habitación doble   *double room*
la habitación individual   *single room*
la ducha   *shower*
atentamente les saluda   *yours sincerely, faithfully*

2.

¿a qué nombre?   *under what name?*
¿está Vd. seguro?   *are you sure?*
no es la primera vez que vengo   *this is not the first time I have been here* (lit. *I come*)
esto no puede ser   *that can't be the case*
desde mañana   *from tomorrow*
había escrito claramente   *I had written clearly*
nos hemos equivocado (en)   *we have made a mistake (in)*
todo se arregla   *everything will be sorted out*
en el tercer piso   *on the third floor*
tranquilo, -a   *quiet*

¿quieren llenar la hoja?   *do you wish to* (lit. *would you*) *fill in the form?*
el primer piso   *the first floor*
el segundo/cuarto/quinto   *the second/fourth/fifth*
el sexto/séptimo   *the sixth/seventh*
el octavo/noveno/décimo   *the eighth/ninth/tenth*

3.

¿es suyo?   *is it yours?*
delante de   *in front of*
la entrada   *entrance*
es el mío   *it is mine*
aparcar   *to park*
era sólo un momento   *it was only a moment*
sacar las maletas   *to take out the cases*
¿quiere que le abra el garaje?   *do you want me to open the garage for you?*
¿quieres que te haga un bocadillo?   *do you want me to make a sandwich for you?*

4.

no importa   *it doesn't matter*

el camarero   *waiter*

¿nos podría limpiar la mesa?   *could you clean the table for us?*

el niño ha tirado el vaso   *the child has upset the glass*

lo ha puesto todo perdido   *he has ruined (spoilt) everything*

un momentito   *just a moment* (lit. *a little moment*)

lo limpio todo   *I'll clean it all*

un mantel limpio   *a clean tablecloth*

caliente   *hot*

5.

los servicios   *toilets*

caballeros   *gentlemen*

el lavabo   *toilet, washbasin*

subiendo por esa escalera   *at the top of those stairs* (lit. *by going up that staircase*)

6.

la propina   *tip*

el servicio no está incluido   *service is not included*

está bien   *it's fine, all right*

7.

poner   *to put, put down*

tiene Vd. razón   *you're right*

la nota   *account, note*

8.

la reclamación   *complaint*

la central   *exchange* (telephone), *switchboard*

¿me podrían despertar?   *could you wake me?*

naturalmente   *of course, naturally*

otra cosa que quería decirle   *something else which I wanted to tell you*

funcionar   *to work, function*

bien/mal   *well, badly*

arreglar   *to put right, put in order*

le mando a alguien   *I'll send you somebody*

la puerta   *door*

el balcón   *balcony*

la ventana se abre   *the window opens*

ducharse   *to take a shower* (lit. *to shower oneself*)

faltan toallas   *there are no towels* (lit. *towels are lacking*)

solamente hay una   *there is only one*

9.(a)

que de al otro lado   *which looks out on the other side*

el ruido   *noise*

9.(b)

ni una gota de agua   *not a drop of water*

cerrar el agua   *to shut off the water*

Puerto Rico

el Caribe   *Caribbean*

eterno, -a   *eternal*

atraer   *to attract*

el clima   *climate*

el turista   *tourist*

Nueva York   *New York*

por otro lado   *on the other hand*

el portorriqueño   *Puerto Rican*

abandonar   *to leave, to abandon*

en busca de trabajo   *in search of work*

numeroso, -a   *numerous*

la capital   *capital*

al gusto americano   *to American taste*

la discoteca   *discotheque*

sin embargo   *however*

el palacio   *palace*

colonial   *colonial*

la parte antigua   *the old part*

declarar   *to declare*

el monumento nacional   *national monument*

convierten . . . en (*from* convertir)   *to make . . . into, to convert . . . into*

la vista   *view*

Notes

a. Verbs which have an irregular first person singular (e.g. traer – *traigo*; hacer – *hago*) use this form as the basis for the Subjunctive:

Infinitive	1st person singular Present Tense	1st person singular Present Subjunctive
hacer	hago	haga
decir	digo	diga
oír	oigo	oiga
salir	salgo	salga
tener	tengo	tenga
traer	traigo	traiga
venir	vengo	venga

(Gr.5)

b. Mine, yours, etc.

The possessive adjectives *mi, tu, su* become *mío, tuyo, suyo* (*mía, tuya, suya* in the feminine) when they are used after the noun (for emphasis) or with *ser*:

e.g.   la casa mía es más grande   my house is bigger
        el coche negro es suyo   the black car is his

El mío, el tuyo, el suyo (*la mía, la tuya, la suya* in the feminine) are possessive pronouns:

e.g.   ¿es *el coche* de María?   sí, es *el suyo*
        ¿es *la casa* de Pedro?   sí, es *la suya*

Possessive adjectives agree with the thing possessed, not with its owner (Gr.20.1).

c. Dates

In Spanish, you say

     el 25 de enero de 1984 (el veinticinco de enero de mil novecientos ochenta y cuatro)
     (Gr.18.2).

d. había, era

These are examples of the Imperfect Tense used to describe what used to happen in the past, or what was happening at a time in the past. You will learn how to use it actively in *Lección 17.*

Lección 15

Vocabulary

1.

enseñar *to show*
el modelo *model*
quisiera probarme esos zapatos *I would like to try on those shoes*
el zapato *shoe*
negro, -a *black*

el escaparate *shop window*
¿cuáles? *which?*
valen 2.200 pesetas *they cost 2,200 pesetas* (lit. *they are worth . . .*)
parecido, -a *similar*
el número *size*

2.

volveré a pasar   *I'll call again*
el abrigo   *overcoat*
el cuero   *leather*
gris   *grey*
lo encuentro un poco corto   *I find it a bit short*
no se llevan tan largos   *they are not worn so long*
llevar   *to wear*
tengo que pensarlo   *I'll have to think it over*
pensar   *to think*
hasta cuando Vd. quiera   *whenever you like*
    (lit. *until whenever you wish*)
la chaqueta   *jacket*
el jersey   *jumper*
la falda   *skirt*
el pantalón   (*pair of*) *trousers*
el vestido   *dress*
el traje   *suit*
la camisa   *shirt*
la blusa   *blouse*
las medias   *stockings*
los calcetines   *socks*
la ropa interior   *underwear*
el sombrero   *hat*
el cinturón   *belt*
los botas   *boots*
las playeras   *plimsolls, tennis shoes*
¿de qué material?   *of what material?*
de lana   *woollen* (lit. *of wool*)
de cuero   *leather*
de piel   *skin, fine leather*
de un material más fino   *of a finer material*
de algodón   *cotton*
la seda   *silk*
el nylon   *nylon*
¿y qué color prefiere Vd?   *what colour do you
    prefer?*
blanco, -a   *white*
negro, -a   *black*
azul   *blue*
verde   *green*
rojo, -a   *red*
amarillo, -a   *yellow*
marrón   *brown*
el bolso   (*small*) *handbag*
la bolsa   (*large*) *handbag, bag*
color naranja   *orange*

2a.

¿qué me pongo hoy?   *what shall I put on today?*

me alegro de que haga tan buen día   *I'm glad
    that it is such a nice day*
tenía tantas ganas   *I did so want to . . .*
por fin   *at last*

3.

vivo bastante lejos   *I live quite a long way away*
cerca   *near*
lejos   *far away*
la máquina fotográfica   *camera*
la mano   *hand*
de segunda mano   *secondhand*
vengo   *I come*
al salir de la oficina   *on leaving the office*
agradable   *pleasant, nice*
también suele venir   *he usually comes here*
soler, (-ue)   *to be accustomed to do something*
no creo que venga   *I don't think he'll come*
dale recuerdos de mi parte   *remember me to him*
    (lit. *give him regards on my behalf*)

Canción popular

de colores   *in* (*many*) *colours*
se visten las flores   *the flowers are clothed*
el pájaro, pajarillo   *bird, little bird*
de fuera   *from after*
el arco iris   *rainbow*
lucir   *to shine*
por eso   *for that reason*
el amor, los amores   *love, love affairs*
la letra   *word* (*song*)
la página   *page*

Santiago

el camino de Santiago   *the road to Santiago*
quita la vida   *he passes away* (lit. *he leaves life*)
la espada   *sword*
Santiago   *St James* (the Apostle, brother
    of John)
cuenta San Lucas   *St Luke relates*
el discípulo   *disciple*
los restos   *remains*
el lugar   *place*
aparecer   *to appear*
el siglo   *century*
según   *according to*
los estudios   *research*
el especialista   *specialist*
bajo   *under, underneath*
el suelo   *floor*

se trata de *it is a question of*
el hecho *fact*
histórico *historical*
auténtico *authentic*
aun dejando a un lado *even leaving aside, putting on one side*
lo que importa es *what matters is*
el fenómeno histórico *historical phenomenon*
la importancia *importance*
la peregrinación *pilgrimage*
la noticia *news*
la aparición *appearance*
el santo *saint*
vuela (from volar) *flies, spreads quickly*
el mundo entero *the whole world*
el europeo *European*
el africano *African*
el asiático *Asian*
se convierte en *to be converted to, to become*
la cultura *culture*
el arte *art*
el comercio *commerce, trade*
el progreso *progress*
comprender *to understand*
la Edad Media *Middle Ages*
religioso *religious*
la reliquia *relic*
ponían (from poner) *they used to put*
físico, -a *physical*
el contacto *contact*
la divinidad *divinity*
el talismán *talisman*
se da (from darse) *occurs*
el sepulcro *tomb*
el chino *Chinese*
el griego *Greek*
el hebreo *Hebrew*
el musulmán *Moslem*

El peregrino *The Pilgrim*
aparece *he appears*
numeroso, -a *numerous*
la representación *portrayal*
artístico, -a *artistic*

la pintura *painting*
la escultura *sculpture*
a lo largo de *along*
el camino de Santiago *the road to Santiago*
el sombrero *hat*
ancho, -a *wide*
defenderse (de) *to shelter, protect (from)*
fuerte *strong*
el duro caminar *rough walking*
el bastón *stick, staff*
ayudar *to help*
el zurrón *large bag*
los alimentos *food*
la concha *shell*
la insignia *emblem*
el privilegio *privilege*
a su paso *on his way*
le afeitaban (*from* afeitar) *they used to shave him*
le cortaban el pelo (*from* cortar) *they used to cut his hair*
le daban (*from* dar) *they used to give him*
lavarse *to wash oneself*
recibir *to receive*
gratuitamente *free*
caer enfermo (*imperf.:* caía) *to fall ill*
se le atendía (*from* atender) *they used to look after him*
si moría (*from* morir) *if he died*
tener derecho (*imperf.:* tenía) *to have the right to*
el entierro *burial*
para que pudiera andar mejor *in order that he might walk better*
romperse (*imp.:* rompía) *to break*
el zapatero *shoemaker*
el permiso *permission*
hasta los domingos *even on Sundays*
el detalle *detail*
la mitad *half*
el siglo XII *the 12th century*
considerar como *to regard as*
la imagen *picture*

Notes

a. The Subjunctive is used after *no creo que:*

e.g.   no creo que venga   I do not think he will come
         no creo que haya venido   I do not think he has come
         no creo que tenga razón   I do not think he is right

Also after *me alegro de que*

e.g.   me alegro de que venga   I am glad he is coming
         me alegro de que haya venido   I am glad he has come
         me alegro de que haya llamado Vd.   I am glad that you have called
         me alegro de que me visite esta tarde   I am glad that you are visiting me this evening

It is used after *quisiera* in the same way as after *quiero:*
e.g.   quisiera que me llame Vd.   I'd like you to ring me

To sum up: the Subjunctive is used to express *doubt, desire* and *pleasure* (Gr.5.1, 5.2, 5.3).

b. Position of object pronouns
If there are two verbs in a sentence the object pronoun can be placed in front of the main verb or attached to the end of the infinitive:

e.g.   ¿se lo quiere poner? ⎫
or   ¿quiere ponérselo? ⎬   do you want to put it on?

        nos tenemos que ir ⎫
or   tenemos que irnos ⎬   we have to leave   (Gr.19.3)

c.   *¿cuál?* = which (one)?

e.g.   ¿qué chaqueta le gusta?   which jacket do you like?
         esa   that one
         ¿cuál?   which one?

¿cuál? is a pronoun and cannot be used with a noun (Gr.21.4).

Lección 16

Vocabulary

1.
espero que vengas   *I hope that you will come*
de verdad   *really*
tenemos muchas cosas que contarte   *we have many things to tell you*
el piso   *flat*

2.
se han casado   *they got married*

después de llamarlos por teléfono   *after he has phoned them*
Pozuelo   (place outside Madrid)
el aire está cada día peor   *the air gets worse every day*
no se tarda nada   *it doesn't take long*
por la autopista   *by motorway*
me encanta bañarme   *I love bathing*

ya no quisiera vivir más en Madrid   *I wouldn't like to live in Madrid any longer*
el millón   *million*
un millón de pesetas   *a million pesetas*
un milloncete   *a cool million*
nos ha costado trabajo   *it was hard work*
reunir el dinero   *to get the money together*
pagar la entrada   *to pay the deposit*
para ello   *for it*
pagarlo poco a poco   *to pay by instalments*
el resto   *the remainder*
queríamos   *we wanted*
total   *in short; all in all*
en realidad   *really*
lo más barato   *the cheapest*

3.
divertirse   *to amuse oneself, to enjoy oneself*
gastar menos   *to spend less*
todo lo viejo que había en casa de nuestros padres   *all the old things there were in our parents' home(s)*
pintar   *to paint*
improvisar   *to improvise*
coser   *to sew*
así que   *so that*
ha hecho las cortinas   *she has made the curtains*
el sofá y los sillones   *the settee and the armchairs*
el mueble, los muebles   *the piece of furniture, the furniture*
importante   *important*
los más importantes   *the most important*
la cama   *bed*
dormir   *to sleep*
el armario   *cupboard, wardrobe*
la ropa   *clothes*
la silla   *chair*
sentarse a la mesa   *to sit down at table*
enfin   *that's it*
cómodamente   *comfortably*
la cocina eléctrica   *electric stove*
la nevera   *refrigerator*
tener al frío   *to keep cool*
el plato   *plate*
la taza   *cup*
el cuchillo   *knife*
el tenedor   *fork*
la cuchara/cucharita   *spoon/teaspoon*
poner la mesa   *to lay the table*

4.
nos arreglaremos bien   *we'll work something out; we'll come to a good arrangement*
¿sigues de empleada en el Banco de Bilbao?   *are you still working at the Banco de Bilbao?*
seguir   *to continue*
pienso seguir   *I am thinking of carrying on*
ganar mi propio dinero   *to earn my own money*
tengo suerte   *I'm lucky*
joven   *young*
viejo, -a   *old*
me ayudarán   *they will help me*

5.
¿has dejado de fumar?   *have you stopped smoking?*
desde hace tres semanas   *three weeks ago*
me alegro que sea así   *I'm pleased about that*
otra vez   *again, another time*
esta vez   *this time*
lo de tus 40 cigarrillos diarios   *(the fact of) your 40 cigarettes a day*
diario, -a   *daily*
es una locura   *it is madness*
era una locura   *it was madness*
me alegro por ti   *I am pleased for you*

6.
nada más de alcohol   *no more alcohol*
el rato; el ratito   *short time; a little while*
la última; la penúltima   *the last, last but one, penultimate*
que tengo que conducir todavía   *for I still have to drive*
he venido en moto   *I have come on a motorbike/ scooter*
el vasito (diminutive of el vaso)   *tiny glass*
tengo que irme   *I have to go/leave*
mañana estoy medio muerto   *I'll be half dead tomorrow*
como quieras   *as you wish*
hala   *I'll be off!*
hasta pronto   *see you soon*
muchas gracias por . . .   *many thanks for . . .*
de verdad que tengo que irme   *I really must go*
si no   *if not (i.e. if I don't go)*

7.

Aural comprehension (questions under the exercises in the *Practice Book*)

la madera   *wood*
el metal   *metal*

España con «tabaquitis»   *Spain with 'tobacco-itis'*

el lector   *reader*
la Sanidad   *health, public health*
el Ministerio de Sanidad   *Ministry of Health*
ocuparse de   *to be concerned with*
la salud   *health*
los medios de comunicación   *mass media*
la campaña   *campaign*
no queme su salud   *don't burn up your health*
por mucho que nos digan   *whatever they tell us*
seguiremos fumando   *we shall go on smoking*
tratar de   *to try*
meternos el terror al tabaco   *putting the terror of tobacco into us; making us afraid of tobacco*
mientras   *while*
la contaminación   *pollution*
la vida   *life*
habitar   *to live, inhabit*
respirar   *to breathe (in)*
acabar con   *to destroy, to put an end to*
sucio, -a   *dirty*
contradictorio, -a   *contradictory*
alguien dirá   *someone will say*
la gota que colma el vaso   *the straw that breaks the camel's back* (lit. *the drop that makes the glass run over*)
de algo hay que morir   *you have to die of something*
¡ya es hora!   *it's time!*

mi felicitación   *congratulations*
la seguridad social   *social security*
el tabaco   *tobacco*
prohibir la droga   *to ban the drug*
llamado, -a   *so-called*
sino   *but* (contradicts previous negative)
segun los médicos   *according to the doctors*
peligroso, -a   *dangerous*
en alto grado de consumo   *at a high level of consumption*
tener vía libre   *to have a clear run, a free rein*
en cambio   *on the other hand*
no olvidemos   *let us not forget*
producir   *to produce*
la muerte   *death*
está loco   *is mad*

¿Estamos acabando con la naturaleza?
   Are we destroying nature?
celebrar   *to celebrate*
el mundo   *world*
la «Jornada del medio ambiente»
   Environment Day
es igual   *is the same as, means the same as*
la naturaleza es igual al futuro   *nature is the future* (lit. *equals the future*)
la planta   *plant*
el árbol   *tree*
la flor   *flower*
desaparecer   *to disappear*
la urbanización   *urbanisation, urban development*
cada vez más   *more and more*
el paisaje   *countryside*
el bosque   *wood*
la tierra cultivable   *arable land*

Notes

a.   The Subjunctive is used after *esperar* (to hope):

e.g.   espero que venga   I hope that he will come
   espero que haya venido   I hope that he has come

(Gr.5.2)

b.   Expressions with *quiera*:
como quiera Vd.   as you wish
cuando quiera Vd.   whenever you wish

c. Expressions of time

hace tres semanas	three weeks ago
desde enero gano más	I have been earning more since January
desde hace tres semanas	for the last three weeks

d. *después de* . . . and *antes de* . . . take the Infinitive of the verb concerned:

e.g. después de trabajar	after working
antes de trabajar	before working

Lección 17

Vocabulary

1.

no hay que   *you don't have to*
no hay que hacer siempre lo mismo   *you don't always have to do the same thing*
viajar   *to travel*
no me he decidido   *I haven't decided*
no tengo muchas ganas   *I don't feel much like*
el castillo   *castle*
el jardín   *garden*
tardan horas en verlo todo   *they spend hours looking at everything*
el mundo   *world*
el extranjero   *abroad*
primero   *first(ly)* (adv.)
el ambiente   *atmosphere, surroundings*
ganar lo suficiente para vivir   *to earn enough to live*
el gobierno   *government*
de esta forma/de otra forma   *in this way/in another way*

2.

lo que más le molesta a la gente   *what bothers people most*
la gasolina   *petrol*
me acuerdo   *I remember*
una vez subió   *once it rose* (the price)
aunque   *although*
en todas partes   *everywhere*
la vida   *life, cost of living*
cosas que uno no necesita tanto   *things that you don't need so much*
quien las quiere pagar   *whoever wants to pay for them*
¡que las pague!   *let him pay for them!*

verdaderamente   *really*
todo lo demás   *all the rest*
es grave   *it's serious*
el salario   *wages, pay*
el sueldo   *salary, pay*
aumentar   *to increase*
las personas mayores   *old people*
la relación entre . . .   *the relationship between . . .*
ir a la compra   *to go shopping*
lo de   *the question of* (lit. *that of*)

3.

lo hemos pasado bien   *we enjoyed it*
nos hemos tomado mucho tiempo   *we took our time*
la carretera nacional   *national road*
se ve más de la región   *you see more of the countryside*
en fin   *in short*
aburrido, -a   *boring*

4a.

la gasolinera   *petrol station*
por lo menos   *at least*
poner en marcha   *to start up*
la bujía   *sparking plug*
gastado   *worn*
es que   *it is that*

4b.

aconsejar   *to advise*
reparar   *to repair*
tardar igual que   *to take just as long*
el tráfico   *traffic*

El petróleo de Venezuela *Venezuelan oil*
el mundo entero *the whole world*
millares *thousands*
la tonelada *ton*
la noticia *news*
increíble *incredible*
se trata de *it is a case of*
el aceite pesado *heavy oil*
la calefacción *heating*
la dificultad *difficulty*
de todas maneras *in any case*
se encontró petróleo *petroleum was found*
el lago de Maracaibo *Lake Maracaibo*
actualmente *at present*
los Estados Unidos *the United States*
el rascacielos *skyscraper*
están rodeados de *are surrounded by*
la cabaña *hut, shack*
crea riquezas *may create riches*
el puesto de trabajo *job*

Andalucía
lejos de *far from*
el baile *dance*
el cante flamenco *flamenco singing*
real *real*
el paisaje económico *economic scene*
hoy día *nowadays*
pasado el «boom» turístico *after the tourist boom is over*
dio trabajo *gave work*
el paro *unemployment*
gravísimo *very serious*
no tiene ni seguro de paro *don't even have unemployment benefit* (el seguro = *insurance*)
la industrialización fuerte *vigorous (programme of) industrialisation*
aprovechar *to make use of*
las materias primas *raw materials*
andaluz *Andalusian*
un futuro no lejano *a not too distant future*
la desesperación *despair*

Notes

a. The Imperfect Tense
This tense is used to describe something unfinished which was happening in the past for an indefinite length of time. The endings for this tense are:

-ar verbs: -aba, -abas, -aba, -ábamos, -ábais, -aban

e.g. me interesaba saber it interested me to know
le gustaba viajar he liked travelling

The Imperfect form of *hay* (from *haber*) is *había*:

e.g. no había autopistas there were no motorways

-er and -ir verbs: -ía, -ías, -ía, íamos, -íais, -ían

e.g. tenía ganas de viajar I wanted to travel
no lo sabía I did not know that
quería decirle I wanted to tell you

The Imperfect Tense of *ser* is
era, eras, era, éramos, erais, eran

e.g. antes era más it was cheaper
barato previously
(Gr.2.3)

b. *tan* and *tanto*

tan is an adverb meaning 'so', and is normally used with an adjective:

e.g. tan barato   so cheap

tanto (invariable) is an adverb meaning 'so much':

e.g. gana tanto   he earns so much

tanto (-a, -os, -as) is an adjective meaning 'so much', 'so many':

e.g. tanto dinero   so much money
      tantos niños   so many children

Both *tan* and *tanto* are used with *como* when comparing things and people that are equal:

e.g. es tan barato como antes   it is as cheap as before
      tiene tanto dinero como antes   he has as much money as before
      gana tanto como antes   he earns as much as before   (Gr.16.6.6)

Other comparatives are similar to those used in English:

      más que   more than
      menos que   less than   (Gr.16.6.1)

e.g. más barato que antes   cheaper than before
      gana menos que antes   he earns less than before   (Gr.16.6 and 16.6.2)

c. Expressions of time
ya means 'already':

e.g. ya viene = he's already coming
      ¿lo has hecho ya? = have you already done it?

with *no*, it means 'no longer':

e.g. ya no está aquí = he is no longer here

todavía means 'still':

e.g. trabaja todavía en Madrid = he is still working in Madrid.

entonces means 'then', 'in that case', 'as a result':

e.g. no tiene bastante dinero, entonces no va al cine hoy = he hasn't got enough money, so he isn't going to the cinema today
      ¿Vd. aprende español? Entonces cómprese un diccionario. = You're learning Spanish? Then buy a dictionary.

It also means 'then', 'at that time':

e.g. no había museos entonces   there were no museums then

luego means 'then', 'next':

e.g. voy a la ciudad, luego visita a mi amiga = I am going to the town, then I shall visit my friend

desde hace means 'since' and is used with the Present Tense to describe an action that is still continuing:

e.g. desde hace una semana trabaja en el banco = he has been working in the bank for a week

Lección 18

Vocabulary

1.

ayer   *yesterday*
nos divertimos   *we enjoyed ourselves*
tuvimos mala suerte   *we had bad luck*
nos llovió   *we had rain* (lit. *it rained for us*)
fue una pena   *it was a shame*
nos mojamos como pollos   *we were drenched*
    (lit. *soaked like chickens*)
acabamos la excursión   *we finished the trip*
metidos en un café   *stuck in a café*
meterse en un café   *to go into a café*
¡no fui con vosotros!   *I didn't go with you!*
¿fue Antonia?   *did Antonia go?*
no pudo venir   *she couldn't come*
¿tú qué hiciste?   *what did you do?*
¿te quedaste en casa?   *did you stay at home?*
estuve leyendo   *I was reading*
tuve que arreglar   *I had to repair*
se había roto   *it had broken*
me llamó   *he phoned me*
salí con él   *I went with him*
dar un paseo   *to go for a walk*
no hice nada de especial   *I didn't do anything*
    special
creí que ibas a salir con Pepe y con Teresa
    I thought you were going to go out with Pepe
    and Teresa
quedaron en llamarme   *they agreed to ring me*
no lo hicieron   *they didn't do it*
tuvieron de visita a sus padres   *they had a visit*
    from their parents
se presentan siempre sin llamar   *they always*
    appear without phoning

2.

el domingo pasado   *last Sunday*
lavarse el pelo   *to wash one's hair*
dormir una buena siesta   *to have a good*
    afternoon nap
cosas sin importancia   *things of no importance*
el lago   *lake*

3.

llamasteis   *you rang*
os olvidasteis de mí   *you forgot me*
sentí mucho no veros   *I was very sorry not to*
    see you
como habíamos pensado   *as we had thought*
un abrazo   *best wishes* (lit. *an embrace*)

5.

¿dónde nació Vd.?   *where were you born?*
nací en . . .   *I was born in*
vinieron a Europa   *they came to Europe*

Canción cubana   *Cuban song*
morirse (-ue)   *to die*
el corazón   *heart*
dejé   *I left*
el amor   *love*
enterrado   *buried*

First picture caption, page 87
la cosecha   *harvest*
la caña de azúcar   *sugar cane*

La siesta
el refrán   *proverb, saying*
«después de comer, ni un sobre leer»
    (lit. *after eating, don't even read an*
    envelope i.e. *have a rest*)
observar   *to observe*
las variedades   *varieties*
el banco   *bench*
el árbol   *tree*
el suelo   *ground*
el obrero   *worker*
la pausa   *break*
oscuro, -a   *dark*
la terraza   *terrace*
secreto, -a   *secret*
aquellos, -as   *those*
se averguenzan de   *are ashamed of*

el sueño *sleep*
la debilidad *weakness*
«por las buenas» *just like that*
un regalo del cielo *a gift from heaven*
Salvador Dalí (Spanish surrealist painter)
dejemos de reírnos de *let's stop making fun of*

Un buen amigo *A good friend*
conocí *I got to know*
el escritor *writer*
aún *still*
grandote *huge*
un grueso bastón *a stout walking stick*
se dirigió a mí *he turned to me*
me dijo *he said to me*
con voz estentorea *in a stentorian voice*
sentáte (= siéntate) *sit down*
con cierta incomodidad *with a certain awkwardness*
a sabiendas de que *knowing that*
conocer de nombre *to know by name*
dar una paliza *to give a hiding, to beat up*
el premio *prize*

El Museo del Oro de Bogotá *The Gold Museum of Bogota*

el oro *gold*
el arte indio *Indian art*
tratar de *to try to*
salvar y conservar *to save and preserve*
en todo lo posible *as far as at all possible*
antiquísmo, -a *ancient*
mezclar *to mix*
la materia prima *raw material*
el cobre *copper*
el río *river*
el polvo *dust*
pequeños gramos *little grains*
el estilo *style*
el sepulcro *grave*
o bien . . ., o bien *either . . . or*
la máscara *mask*
la cara *face*
el cuerpo *body*
seguir viviendo *to go on living*
siglos más tarde *centuries later*
han sido abiertos *have been opened*
la riqueza *richness*
precolombino, -a *pre-Columbian*
la luz del día *the light of day*

Notes

a. The Preterite Tense
This tense is used for a completed action in the past, or something which happened within a definite time limit (Gr.2.4):

e.g. ayer salí de excursion I went on a trip yesterday
llovió it rained
el domingo pasado me quedé en casa last Sunday I stayed at home

The endings for this tense are:
-ar verbs: *-é, -aste, -ó, -amos, -asteis, -aron*   *-er* and *-ir* verbs: *-í, -iste, -ió, -imos, -isteis, -ieron*

For *ser* and *ir*, the forms are the same: fui, fuiste, fue, fuimos, fuisteis, fueron

Some verbs have irregular forms in the Preterite, and these are always given in lists of irregular verbs. The first person singular is given, and the rest of the tense is conjugated from this. Some common examples are:

tener – tuve   estar – estuve   poder – pude   hacer – hice   venir – vine

All verbs in this category take endings as follows: tuve, tuviste, tuvo, tuvimos, tuvisteis, tuvieron

Note that the Preterite of *hacer* (*hice*) has *hizo* for the third person singular. (Gr.9.3)

b. You now know all three past tenses. For a comparison of how they are each used see Gr.2.2 – 2.4)

Lección 19

Vocabulary

1.

el sello   *stamp*
(la oficina de) Correos   *post office*
coger/tomar el Metro   *to take the tube*
el estanco   *tobacconist* (which also sells
    stationery and stamps; run by the Spanish
    government)
en cualquier estanco   *in any tobacconist's*
detrás de aquella iglesia   *behind that church*
aquel, aquella   *that* (a long way off)

En la oficina de Correos   *At the post office*
la postal (*short for:* la carta postal)   *post card*
certificado, -a   *registered*
la ventanilla   *counter window*
por avión   *by air mail*

2.

¡qué postales más bonitas!   *what pretty
    postcards!*
cada uno, cada una   *each one*
¿has pensado en Pepe?   *did you think of Pepe?*
quedarse desilusionado, -a   *to be disappointed*
se nos olvidó escribirle   *we forgot to write to him*
lo estamos pasando de miedo   *we are having a
    terrific time*
pobre de ti   *you poor thing*
dar una alegría   *to give pleasure, a treat*
para que me escriban   *in order that they may
    write to me*
para que sepan   *in order that they may know*
para que no crean   *in order that they won't think*
para que no se olviden de mí   *in order that they
    won't forget me*

3.

se me ha acabado el dinero   *I have run out of
    money* (lit. *the money has finished for me*)
se van a poner contentos   *they are going to be
    happy/pleased*
la noticia   *news*
enfadarse (con alguien)   *to get angry
    (with someone)*
estar convencido (de que)   *to be convinced
    (that)*
bastar   *to be sufficient, to suffice*
sencillo, -a   *simple, easy*
el prefijo   *prefix, dialling code*
saludar   *to greet*

4.

entenderse bien   *to get on well*

6.

el compañero   *companion*
siguiente   *following*
intentar   *to attempt, try*
sin éxito   *without success*
estar de vuelta   *to be back, to have returned*
se ha puesto enfermo   *has become ill*
se trata de   *it's a matter of*
he puesto un telegrama   *I have sent a telegram*
la vuelta   *return*
saludos afectuosos   *very best wishes*

Pueblos olvidados   *Forgotten villages*
el bosque   *wood, forest*
llevarse algo   *to take with one*
la gallina de los huevos de oro   *the hen with
    the golden eggs*
el pueblecito   *little village*

vacío, -a *empty*
aislado, -a *isolated*
el exterior *the outside world*
el vecino *neighbour*
el periodista *journalist*
comentar *to comment on*
abandonado de la mano de Dios *abandoned by God*
los partidos políticos *political parties*
el alcalde *mayor*
las elecciones *elections*
¿cómo se va a enterar de . . .? *how should he find out . . .?*
el pastor *shepherd*
durmiendo (dormir) *sleeping*
la oveja *sheep*
la ambulancia *ambulance*
un caso urgente *an urgent case*
la única tienda *the only shop*
la dueña *owner*
plantar *to plant*
blanco *white* (here: *independent*)
rojo *red* (here: *left-wing*)
negro *black* (here: *right-wing*)
ocuparse de *to concern oneself with something*
le votamos en masa *he'll get our mass vote*

Capitales latinoamericanas, el año 2000 *Latin American capitals in the year 2000*
la capital *capital*
la emigración *emigration*

el movimiento *movement*
crear problemas *to create problems*
dentro de *within, inside*
la velocidad *speed*
la población *population*
citar *to quote*
contar con *to comprise*
la Ciudad de México *Mexico City*
las Naciones Unidas *United Nations*
contar con que *to reckon with*
una tercera parte *a third*
nombrar *to name*
no más que *no more than*
distinguir *to distinguish*
sin embargo *nevertheless, however*
el recién llegado *newcomer*
la barriada *slum*
lleno de *full of*
la ilusión *hope, dream*
pobrísimo, -a *extremely poor*
desesperado, -a *hopeless, in despair*
la enfermedad *illness*
la suciedad *filth, dirt*
resolver el problema *to solve the problem*
prever *to foresee, predict*
atrajeron (from *atraer*) *attracted*
en su momento *in their time*
gran cantidad *a large number*
no sirven *do not help*
su propio camino *their own way*

Notes

a. *para que* is followed by the Subjunctive and means 'so that', 'in order that . . .' (Gr.5.7):

  e.g. les escribo para que me manden dinero I am writing to them so that they (may) send me some money

  escribo postales a mis amigos para que sepan donde estoy I write postcards to my friends so that they (may) know where I am

  However, if the subject remains the same, use *para* + Infinitive:

  e.g. escribo postales a mis amigos para darles una alegría I am writing postcards to my friends to (= so that I may) give them a nice surprise

b. *cada, cualquier, todos* (Gr.23)
  cada means 'each' or 'every':

  e.g. nos vemos cada día we see each other every day

  cada uno/-a means 'each one', 'every one':

e.g.   diez postales: una para cada uno de mis amigos   ten postcards, one for each of my friends

cualquier means 'any', 'whatever':

e.g.   en cualquier estanco puede Vd. comprar sellos   you can buy stamps in any tobacconist's

Todos/-as is used in the plural to mean 'all, every':

e.g.   todos los días   every day
       todos mis amigos   all my friends

c.   *¡qué!* is used with *más* or *tan* to express a reaction to something:

e.g.   ¡qué postales más bonitas! ⎫
       ¡qué postales tan bonitas! ⎬   what pretty postcards!   (Gr.21.5)

d.   *dar* normally means 'to give', but is used in many idiomatic expressions:

e.g.   dar un paseo   to go for a walk
       dar una vuelta   to go for a stroll round
       darse cuenta de   to notice

e.   Location can be expressed in different ways:

e.g.   estoy en Madrid   (*lit.* I am in Madrid)
       me encuentro en Madrid   (*lit.* I find myself in Madrid)

Both of these could correspond to the English 'I am in Madrid'.

Lección 20

Vocabulary

1.
cuando lo vea   *when I see him*
dar un saludo   to greet
le dice que me llame   *tell him to ring me*
¿cuándo lo hará?   *when will you do it?*
¿cuándo me lo dirá?   *when will you tell me?*
¿cuándo podrá salir?   *when will you be able to go out?*
¿cuándo tendrá tiempo?   *when will you have time?*
¿cuándo vendrá?   *when will you come?*

2.
perdone que no le haya escrito   *forgive me for not writing to you* (lit. *that I haven't written*)
alegrarse de   *to be glad about, to be pleased that*
¿ha recibido mi carta?   *have you received my letter?*
por Dios   *for heaven's sake*

contestar   *to reply*
resulta que   *the fact is that*
le he hecho esperar   *I have kept you waiting*
he abierto la puerta   *I have opened the door*

3.
siento que no puedas salir   *I am sorry you cannot go out*
conmigo/contigo   *with me/with you*
me hubiera gustado   *I should have liked*
dar un paseo   *to go for a walk*
el examen   *exam*
pasado mañana   *the day after tomorrow*
anoche   *yesterday evening, last night*
estoy invitado a un cumpleaños   *I am invited to a birthday* (*party*)
ha vuelto de Francia   *he has come back from France*

4.

tuve un accidente   *I had an accident*
he conocido a un señor   *I got to know a*
  gentleman
el coche-restaurante   *restaurant car*
la situación social   *state of society*
pesado, -a   *heavy*
choqué con otro coche   *I collided with another*
  car
el aparcamiento   *car park*
vamos a darnos prisa   *let's hurry*
la salida   *exit*
ir a buscar/venir a buscar   *to fetch* (lit. *to go/*
  come to look for)
bastante   *quite a lot, sufficient*

Emilio Muñoz, 16 años, profesión: torero
  Emilio Muñoz, aged 16, profession:
  bullfighter
la profesión   *profession*
el torero   *bullfighter*
el amiguito   *little friend*
cuando sea mayor   *when I am grown up*
hacer frente a   *to face*
el toro   *bull*
la ley   *law*
votar   *to vote*
prohibir   *to forbid*
administrar bienes   *to manage property*
deja que   *allows that, permits*
el millonario   *millionaire*
el permiso   *permission*
pedir permiso   *to ask permission*
cuando vaya a por ti   *when it goes for you*
la edad   *age*

el valor   *courage*
taurino, -a   *bull fighting* (adjective)
el ídolo   *idol*
la cornada   *goring*
confirmar   *to confirm*
desear   *to wish*
la «corna»   (short for *la cornada*)
la prueba del fuego   *trial by fire*
reaccionar   *to react*
la sangre   *blood*
empujar   *to push*
a los 9 años   *when I was 9 years old*
pinchar   *to provoke*
¡a que no te atrevas a ponerte delante del toro!
  let's see whether you dare to face the bull!
loco, -a   *mad*
me tiré a la plaza   *I jumped into the ring*
el capote   *cloak*
pesar   *to weigh*
dar pases   *to make passes*
días de fiesta   *public holidays*
entrenar   *to train*
prometer   *to promise*
tomarlo en serio   *to take it seriously*
¿cómo iba a dejarlo?   *how could I leave it?*
sin na (= nada)   *without anything*
la sensación   *feeling*
ni . . . ni   *neither . . . nor*
el ritmo de vida   *the pace of life*
el ritmo   *rhythm*
es imposible   *it is impossible*
echar de menos   *to miss*
un plato de garbanzos   *a dish of chick peas*
estoy harto de   *I am sick of*

Notes

a.   More uses of the Subjunctive
The Subjunctive is also used after *cuando*, when it refers to future time:

e.g.   lo haré cuando tenga tiempo   I shall do it when I have time

after *decir*, when it means to ask or to request:

e.g.   le digo que me llame   I'll ask him to ring me

after *perdonar que*, meaning 'to forgive':

e.g.   perdone que no pueda ir con Vd.   I'm sorry (lit. forgive me) I cannot go with you

and after *sentir que*, to be sorry:

e.g.   siento que Vd. no pueda ir conmigo   I am sorry that you cannot go with me   (Gr.5)

b. **Irregular Past Participles**

Two common ones are abrir – *abierto:*

e.g.   he abierto la ventana   I have opened the window
       la tienda está abierta   the shop is open

volver – vuelto:

e.g.   he vuelto hoy a casa   I returned home today (Gr.9.2)

c. **Some irregular Future and Conditional forms**

Infinitive	Future	Conditional
hacer	haré	haría
decir	diré	diría
poder	podré	podría
tener	tendré	tendría
venir	vendré	vendría (Gr.9.3)

d. You have now met three ways of using *olvidar*:

he olvidado comprarlo
me he olvidado de comprarlo   } I have forgotten to buy it

se me ha olvidado comprarlo   I have forgotten (lit. it slipped my mind) to buy it

Lección 21

Vocabulary

1.

es probable que llegue tarde   *I shall probably arrive late*
es posible que invite a los vecinos   *I may invite the neighbours*
creía que me ibas a ayudar   *I thought you were going to help me*
lo antes posible   *as soon as possible*

2.

publicar   *to publish*
las siguientes preguntas   *the following questions*
si obtiene 10 puntos   *if you get 10 points*
deja mucho que desear   *he leaves much to be desired*
debería tratar de mejorarse   *he should try to improve*
tratar de hacer algo   *to try to do something*
criticar   *to criticise*
protestar   *to protest*

un poco tradicional   *a little traditional* (i.e. *old-fashioned*)
por lo menos   *at least*
está en buen camino   *he is on the right track*
un marido modelo   *a model husband*
extraordinario   *extraordinary*
despierta a los demás   *he wakes the others*
preparar el desayuno   *to get breakfast*
el colegio   *school*
al volver de la oficina   *on returning from the office*
hacer la compra   *to do the shopping*
lavar los platos   *to wash the dishes*
hablar con los profesores   *to talk to the teachers*
controlar los deberes de los niños   *to keep a check on the children's homework*
llorar   *to cry*
se encarga de pagar multas   *he is responsible for paying fines*

los impuestos   *taxes*
el seguro   *insurance*
la camisa   *shirt*
cuida a los niños   *he looks after the children*
se ocupa del perro   *he looks after the dog*
el gato   *cat*
la contestación   *answer*

La mujer española y el trabajo   *The Spanish
     woman and work*
según una encuesta   *according to a survey*
la participación   *share*
la vida activa   *working life*
la cifra   *figure*
Inglaterra   *England*
Alemania   *Germany*
Francia   *France*
respectivamente   *respectively*
la estadística   *statistic*
publicada   *published*
el Frente de la Liberación de la Mujer
     Women's Liberation Movement (lit. *Front*)
doméstico, -a   *domestic*
la modista   *dressmaker*
la limpieza   *cleaning*
la lavandería   *laundry*
la peluquería   *hairdressing*
los profesionales   *professional people*
de nivel superior   *on a higher level*
el grado medio   *the middle grade*
ni que decir tiene   *it need hardly be said*
la mayoría   *the majority*
están por   *they are in favour of*
la familia simétrica   *balanced family*
es decir   *that is to say*
colaborar   *to collaborate*
responder   *to reply*

Tener 20 años, hoy   *Being 20 today*
redondo, -a   *round* (*number*)
hermoso, -a   *beautiful*
por lo visto   *obviously*
afortunado, -a   *happy*
ni mucho menos   *not at all*
inútil   *useless*
la respuesta   *reply*
sentir y pensar   *to feel and think*
a esa edad   *at this age* (lit. *that age*)
les da igual   *it's all the same to them*
integrarse   *to integrate, to be integrated with*
el ciudadano   *citizen*
la ideología   *ideology*
cerrado, -a   *narrow* (fig.)
corrupto, -a   *corrupt*
la justicia   *justice*
la igualdad   *equality*
realizar   *to realize*
mediocre   *mediocre*
añade riendo   *adds laughing*
el sueño   *dream*
llegar a saber   *to get to know*
el veinteañero   *twenty-year-old*
la juventud   *youth*
apolítico, -a   *apolitical*
descreído, -a   *unbelieving*
el miedo   *fear*
constante   *constant*
soñar (-ue)   *to dream*
adaptado, -a   *adapted*
el artículo   *article*
durar   *to last*

Note

Further uses of the Subjunctive
The Subjunctive is also used after:
     es posible que
     es probable que
     es normal que
     es (lo) mejor que

     e.g.   es posible que me ayude   it's possible that he may help me
               es mejor que lo haga   it's better (best) that he does it   (Gr.5.5)

Lección 22

Vocabulary

1.
en el dentista   *at the dentist's*
pedir hora   *to ask for an appointment*
estoy de paso   *I am passing through*
me duele una muela   *I have toothache* (lit. *a back tooth hurts me*)
seguir el viaje   *to continue the journey*
en ese caso   *in that case*
pase Vd.   *come in*
siéntese   *sit down*

2.
lo que ha pedido   *what you have ordered*
rico, -a   *tasty, nice* (food)
estar rico   *to be/taste very nice*
un pedazo   *little bit, morsel*
ligero, -a   *light*

3.
no me encuentro bien   *I don't feel well*
échate   *lie down*
quítate la chaqueta   *take off your jacket*
te pones bien   *you'll feel better*
seguro que es por la discusión   *it's surely because of the argument*
el jefe   *boss*
el nuevo puesto (de trabajo)   *new job*
preocupado, -a   *preoccupied, worried*

4.
¡que te mejores!/¡que se mejore!   *get well soon!*
poner una película   *to show a film*
el último, la última   *the last*
me siento fatal   *I feel terrible*
me siento mal   *I feel ill*
quitar   *to take away, remove*
se me quita la fiebre   *my temperature will go away*
(tan) de prisa   *so quickly*
darse prisa   *to be in a hurry*
tengo la intención de llamar al médico   *I intend to call the doctor*
la medicina   *medicine*

5.
¿te has hecho daño?   *have you hurt yourself?*
de escribir tanto   *from writing so much*
el ojo   *eye*
el pie   *foot*
andar   *to walk*
estoy perdiendo peso   *I am losing weight*
estoy perfectamente bien   *I am perfectly all right*
me duele la garganta   *I have a sore throat*
enfriarse   *to catch cold*
el estómago   *stomach*
el pecho   *chest*
el corazón   *heart*
nervioso, -a   *overwrought, nervy*
débil   *weak*
tener la tensión baja/alta   *to have low/high blood pressure*

6.
no va a poder ser   *it cannot be*

7.
ven   *come* (fam.)
hablas bajo/bajito   *you* (fam.) *speak softly (very softly)*
dime   *tell me*
hace dos días que no puedo salir   *I haven't been able to go out for two days*
¡no me digas!   *you don't say! my goodness!*

«Natema»
mientras   *while*
la droga   *drug(s)*
la selva   *jungle*
la hoja   *leaf*
plantas venenosas   *poisonous plants*
caer   *to fall*
el sueño   *sleep, dream*
lleno, -a de   *full of*
quedar en un estado   *to remain in a state*
la insensibilidad   *unconsciousness*
cocer (-ue)   *to cook*
la cazuela   *cooking pot*
el curandero   *medicine man*

una parte *a part*
la fuerza *strength*
sacar el mal *to draw out the evil*
el cuerpo *body*

Román Elé
no hay nada que le gane *there is nothing*
    that can beat him
alto, -a *tall*
derecho, -a *straight*
fino, -a *slim*
la sortija *ringlet*
la piel *skin*
por el brillo *because of the shine*
untado, -a *greased*

manteca de coco *coconut oil*
los dientes *teeth*
separados *well spaced out*
las encías rosadas *pink gums*
el nieto *grandchild*
el criado *servant*
la finca *estate, ranch*
el valle *valley*
la portada *entrance*
la ceiba *ceiba* (tropical cotton tree)
el dueño *owner*
(This extract is taken from «Román Elé», a prize-winning children's book by Nersys Felipe, published by Casa de las Américas, Cuba.)

Notes

a. Some *-ir* verbs (known as radical changing verbs), e.g. *seguir* and *pedir* change the 'e' to 'i' in the Present Tense singular and 3rd person plural:

    e.g. s*i*go, s*i*gue, seguimos, s*i*guen
           p*i*do, p*i*de, pedimos, p*i*den

    They keep this change in the Subjunctive (s*i*ga, p*i*da), in the 3rd person singular and plural of the Preterite (s*i*guió, s*i*guieron; p*i*dió, p*i*dieron) (Gr.8.3) and in the Present Participle (s*i*guiendo, p*i*diendo).

b. Some verbs have an irregular form for the familiar Imperative:

    e.g. decir: *di* (pl.) decid
           venir: *ven* (pl.) vendid   (Gr.9.3)

Lección 23

Vocabulary

1.
¡felicidades! *congratulations!*
la felicidad *happiness*
el aperitivo *aperitif* (usually accompanied by *tapas*, small appetising snacks, e.g. olives)
las gambas a la plancha *grilled prawns*
¡a tu/su salud! *your health!*
la salud *health*
¡que cumplas muchos! *many happy returns!*

felicitar *to congratulate*
feliz (*pl.* felices) *happy*
el agujero *hole*
el dedo *finger*
la tarjeta *card*
el Año Nuevo *New Year*
las tapas *snacks* (with drinks)
las aceitunas *olives*

rellenas *stuffed*
las almendras *almonds*
las patatas fritas *crisps*
al ajillo *in garlic*
ir de tascas *to go on a 'pub crawl' (but from bar to bar)*

2.
¡que se diviertan! *have a good time! enjoy yourselves!*
bailar *to dance*
gracias, igualmente *thanks, and you too*

3.
no me molesta en absoluto *it doesn't bother me at all*
permitir *to allow, permit*
de ninguna manera *not at all*
la mitad de lo que fumaba antes *half what I used to smoke*
son muy populares *they are very popular*
el tabaco negro/rubio *black/Virginian tobacco*
fuerte *strong*

4.
¡que pase buena noche! *have a good night!*
con mucho gusto *with great pleasure*
ir a pie *to go on foot, to walk*
ir dando un paseo *to go for a walk*
la torre *tower*
el río *river*
el paisaje *scenery*

Hablar andaluz *Speaking Andalusian*
el escritor *writer*
Huelva (Andalusian province and its capital)
con motivo de *on the occasion of*
fundamental *basic*
el castellano *Castillian*
el sevillano *Sevillan*
alejarse de *to move away from*
quedarse inmóvil *to remain static*
desde hace siglos *for centuries*
más vivo *more alive*
universal *widespread*

¿De dónde vienen los gitanos? *Where do the gypsies come from?*
los faraones *Pharaohs* (Kings of Egypt)
noble *noble*
Egypto *Egypt*

el gitano *gipsy*
someterse a *to submit to*
el ario *Aryan*
parte de ellos *some of them, a number of them*
aparecer *to appear*
la tribu *tribe*
el rey *king*
dar permiso *to permit, allow*
ser odiado (odiar) *to be hated*
robar *to steal*
mentir, (-ie) *to lie*
incluso *even*
la simpatía *sympathy*
acabar con la raza *to destroy the race*
Gran Bretaña *Great Britain*
los Países Bajos *the Netherlands*
matar *to kill, murder*
sin motivo *without reason*
Suiza *Switzerland*
echar del país *to expel from the country*
Dinamarca *Denmark*
voluntariamente *voluntarily*
mandar *to send*
la galera *galley*
murieron (*from* morir) *died*
a pesar de todo *in spite of everything*
sobrevivir *to survive*
conservar *to keep*
la personalidad *personality*
independiente *independent*
el canto *song*
el baile *dance*
tienen gran fuerza *they have great strength of character*
la persecución *persecution*

Lección 24

Vocabulary

1.
los papeles *documents, papers*
alegre *happy*
la fiesta *party*
van muy animados *they are merry, in high spirits*
hablando y riendo *talking and laughing*
de repente *suddenly*
un guardia del tráfico *policeman on traffic duty*
le hace parar *he stops him* (lit. *makes him stop*)
a 40 kilómetros por hora *40 kilometres an hour*
el carnet de conducir *driving licence*
póngase un poco más adelante *pull forward a little*
a estas horas *at this time*
las luces apagadas *lights off*
¡enciéndalas! *switch them on!*

2.
la llave *key*
me estoy rompiendo la cabeza *I am racking my brains*
las habrás dejado puestas *you will have left them*
se me ha caído *I have dropped it*
quizás se me hayan caído *perhaps I dropped them*
llevar razón *to be right*
buscar por todas partes *to look everywhere*
dentro del coche *inside the car*
el ascensor *lift*
la mesita *little table*
cuadrado *square*
redondo, -a *round*
el cuarto de estar/baño *living room, bathroom*
la calefacción *heating, radiator*
las gafas de sol *sunglasses*
el pasaporte *passport*
los nervios *nerves*
¿le preocupa? *does it worry you?*
¿se pone enfadado? *do you get annoyed?*
¿le da igual? *is it all the same to you?*
¿cuál sería la solución? *what would be the solution?*

3.
lleno, -a *full*
super *top grade, 4-star*

totalmente *completely, totally*
vacío, -a *empty*
el agua *water*
el aceite *oil*
el motor *engine*
hay un ruido *there is a noise*
está estropeado *it is damaged*
tendrá que pasar Vd. mañana *you'll have to come tomorrow*
el cristal de delante *windscreen*
está muy sucio *it is very dirty*

4.
están de huelga *they are on strike*
hay un Guardia Civil *there is a Civil Guard barracks*
sirve al público *it serves the public*
el árbol *tree*
las plantas con flores *flowering plants*

5.
¿le da miedo? *are you frightened (of it)?*
voy en coche-cama *I am going by sleeper*
no tengo nada en contra de . . . *I haven't anything against . . .*
no creo que sea peligroso *I don't think it is dangerous*
viajar de otra manera *to travel by other means*
me sienta mejor *it suits me better*
experiencias muy desagradables *very unpleasant experiences*
un clima seco *a dry climate*
húmedo, -a *damp*
lento, -a *slow*
sin duda *without doubt*
sano, -a *healthy*

De la vida diaria de los mayas *the daily life of the Mayans*
el imperio *kingdom*
el nivel *level*
la moneda *money, currency*
gramos de cacao *cocoa beans*
el esclavo *slave*
una bella maya *a beautiful Mayan lady*

lo justo *just enough*
estrecho, -a *narrow*
el signo *sign*
los recién nacidos *newborn*
mantener *to hold, keep*
entre dos maderas *between two pieces of wood*
las mercancías *goods*
a hombros *on their shoulders*
la rueda *wheel*
desconocer *to be ignorant of*
el consumo *consumption*
una ciudad entera *a whole town*
era incapaz de *was unable to*

luchar *to fight*
el baño de vapor *steam bath*
diariamente *daily*
el divorcio *divorce*
la vida ordenada *ordered life*
llevar una vida *to lead a life*
el lugar *place*
el cielo *heaven, sky*
eternamente *eternally*
a la sombra *in the shade*
la estela *stele, stela* (architectural term)
la muerte *death*

Notes

a. As in English, the Future Tense can also be used to express supposition about the present:

e.g.　Pepe no estará en casa ahora
　　　habrás dejado las llaves en el coche

Pepe will not be at home now
you will have left (or: have probably left) the keys in the car

b.　Passive
The Passive is avoided where possible in Spanish by the use of *se*　(Gr.13):

e.g.　los relojes se venden aquí　watches are sold here

But it is found, especially where an agent is mentioned:

e.g.　el colegio fue construido por el rey Alfonso V　the school was built by King Alfonso V

Other examples from the reading passages in this book include Lección 18 (El Museo del Oro de Bogotá):

los sepulcros han sido abiertos poco a poco

more and more of the graves have been opened

Lección 23 (¿De dónde vienen los gitanos?):

los gitanos empiezan a ser odiados

the gypsies are beginning to be hated

Lección 25

Vocabulary

1.
una nota *a note, a message*
¿ha preguntado alguien por mí? *has anybody asked for me?*
vino a buscarle *he came to look for you*

dijo que no podía esperar *he said he couldn't wait*
te había prometido *I had promised you*
aprovecho la tarde *I am using the afternoon*

ser despistado, -a *to be absent-minded*
quedamos para mañana *we'll make
    arrangements for tomorrow*

Lima
la imprenta *printing works*
el palacio *palace*
ruidoso, -a *noisy*
caótico, -a *chaotic*
desigual *unequal*
apartado de *apart from, separated from*
dorado, -a *golden, gilded*
la poesía *poem*
el cinturón de pobreza *poverty belt*
el paraguas *umbrella*
sin embargo *however*
la niebla *fog*
sufrir de depresiones *to suffer from depression*
a causa de *because of*
auténticos limeños *real Limans*
la población *population*
la personalidad *personality*

Pedro, el campesino de Teotitlán *Pedro, the
    peasant from Teotitlán*
representa 65 *he looks 65*
Oaxaca (*pron.* Oajaca) (town in Mexico)
el ejidatario *owner of an 'ejido'*
el ejido (plot of) *common land*
es decir *that is to say*

un pedazo de tierra *a piece of land*
la hectárea *hectare* (approx. 2.5 acres)
para cultivar *to cultivate*
la cosecha *harvest*
consiste en piedras *consists of stones*
más que nada *above all*
se están construyendo *have been under
    construction*
consigue obtener *he succeeds in obtaining*
cultivable *capable of being cultivated*
el maíz *maize*
la tortilla *flat maize pancake*
el rincón *corner*
la fuente *spring*
tejen tapices *they weave rugs*
provenir de *to come from*
el motivo *artistic motif*
el abuelo *grandfather*
tejer *to weave*
los frutos *agricultural produce*
colocar *to stack*
la manta *coarse cotton cloth* (Mexican)
el suelo *ground*
el peso *Mexican peso* (currency)
hacerse llenar *to get filled up*
el mezcal (Mexican spirit made from a plant,
    the *agave* or Mexican aloe)
el camión *lorry*
bajarse *to get out*

Lección 26

Vocabulary

1.
media pensión *half board*
como mínimo *at least*
pensión completa *full board*
por persona *per person*

2.
vendedora inteligente *the intelligent salesgirl*
me está estrecho *it's (too) tight* (lit. *narrow*)
    for me
no puedo ni respirar *I can't breathe*
¿estoy tan gorda? *am I so fat?*
¡qué va! *rubbish, nonsense!*

cuesta entrar en ellos *it's hard to get into them*
es natural *naturally* (lit. *it's natural*)
le quedará más ancho *they get* (lit. *remain*)
    wider
quedarse con *to take* (lit. *to stay with*)
práctico, -a *practical*
oscuro, -a *dark*
se vuelven más claros *they become lighter*
está Vd. bien con ellos *you look smart* (lit.
    good) *in them*
alto, -a *tall*
aceptamos cheques *we accept cheques*

3.

el bañador   *bathing costume*
cambiarlo por otro   *to change it for another one*
resulta distinto   *it looks different*
está prohibido   *it's not allowed*

4.

¿dónde está la policía?   *where is the police*
    (station)?
robar   *to steal*
mientras nos bañábamos   *while we were*
    bathing
no está lejos de aquí   *it isn't far from here*
¿le han quitado muchas cosas?   *have they*
    taken many of your things? (lit. have they
    taken many things from you?)
la cámara (fotográfica)   *camera*
hasta los carretes   *even the reels*
las películas hechas   *the used films*
el camping   *camping place*
al lado del bosque   *by the side of the wood*
preséntese a la policía   *report to the police*
informar   *to inform*

Don Quijote y los niños

Don Quijote   (famous hero of a novel by
    Cervantes)
el embajador   *the ambassador*
a través de los siglos   *through the centuries*
Alejo Carpentier   (a famous Cuban author
    who died in 1980)
va revivir   *will relive*
dibujos animados   *cartoon films*
el mensaje   *the message*
el bondadoso personaje   *the kind-hearted*
    character
la generosidad   *generosity*
la violencia   *violence*
la ñoñez   *stupidity, insanity*
por lo general   *in general*
le dio la idea   *gave him the idea*
Salvador Dalí   (Spanish painter)

numerosas visitas   *numerous visits*
el abuelo   *the grandfather*
libro obligatorio   *compulsory book*

Los monocultivos

el monocultivo   *one-crop farming*
cultivar   *to cultivate*
el algodón   *cotton*
ni siquiera   *not even*
la naturaleza   *nature*
sino   *but* (contradiction, Gr.25.3)
se quemaron   *were burnt*
bosques enteros   *whole forests*
valioso, -a   *valuable*
depender de   *to depend on*
su único comprador   *its sole buyer*
el pueblo   *nation, people*
mandar   *to command, dictate*
servir (-i)   *to serve*
equilibrar el comercio   *to have a good trade*
    balance (lit. *to balance the trade*)
asegurar la libertad   *keep one's freedom*
    (independence)
José Martí   (Cuban politician and writer)
el héroe nacional   *national hero*

Guajira Guatanamera

guajira   *country dance* (from Cuban guajero/a
    = *white*)
Guatanamera   from the province of
    Guantánamo in Cuba
sincero, -a   *sincere*
crecer   *to grow*
la palma   *palm tree*
antes de morirme   *before I die (before dying)*
echar mis versos del alma   *pour out the verses*
    from my soul
de un carmín encendido   *of fiery red*
un ciervo herido   *a wounded stag*
que busca amparo   *who seeks shelter*
en el monte   *in the mountain(s)*

Notes

a.   'here', 'there'
    aquí = here   *ahí* = there (nearby)   *allí* = there (further away)

'this', 'that', 'that (one) over there':

este hotel   this hotel   *ese* hotel   that hotel (nearby)   *aquel* hotel   that hotel (further
away)

b. *ser* and *estar*

For the various uses of *ser* and *estar* see Gr.10.1. The main difference between *ser* and *estar* is that *ser* always describes a permanent state or characteristic:

el señor García *es* muy gordo   Mr García is very fat (permanent)

Whereas *estar* describes a temporary state:

el señor García está gordo después de las vacaciones   Mr García is (has become) fat after the holidays (i.e. he hopes it's only a temporary state!)

Estar is also used to mean 'to be situated':

¿dónde está la policía?   where is the police station?
no está lejos de aquí.   it's not far from here

N.B. In 'Vendedora inteligente' (p.124) *estar* is used idiomatically to mean 'to suit or look good in':

está Vd. muy bien con estos pantalones = you look very nice in these trousers (i.e. they suit you very well).

Lección 27

Vocabulary

1.

si fuera posible   *if it were possible*
he oído decir que   *I have heard that*
en Navidades   *for/over Christmas*
el disco   *record*
es lástima que no hayas estado en casa hoy   *it's a pity that you were not at home today*
¿sería posible que pasara?   *would it be possible for me to call by?*
me será imposible   *it will be impossible for me*
piensa si necesitas algo   *think whether you need anything*

2.

¿qué harías si tuvieras tiempo?   *what would you do if you had the time?*
si hubiera algo interesante   *if there was anything interesting*
si estuviera mi hermano   *if my brother were there*
si fuera sábado   *if it were Saturday*
si me dijeras   *if you were to tell me*
si te quedaras   *if you were to stay*
si pudieras quedarte   *if you were able to stay*

si no hubieras quedado con Juan   *if you hadn't made a date with Juan*
si no viniera   *if he did not come*
saldría contigo   *I would go out with you*
podríamos salir juntos   *we could go out together*
tendría más tiempo   *I would have more time*
sería otra cosa   *that would be another matter*

Ernesto Cardenal

tomó parte   *he took part*
el intento   *attempt*
la dictadura   *dictatorship*
no tuvo éxito   *he had no success*
sorprender   *to surprise*
entrar en la vida religiosa   *to enter a religious order*
retirarse   *to withdraw*
Solentiname   (village in Nicaragua)
el indio campesino   *indian peasant*
la huida   *flight*
la sociedad de consumo   *consumer society*
el derecho   *right*

el día que haya una sociedad justa *the day when there is a just society*
no habrá necesidad *there will be no need*
alejarse *to withdraw*
contemplativo, -a *contemplative*
me he politizado *I got involved in politics*
el evangelio *the gospel*
la lectura *reading*
la caída *fall*
afirmar *to affirm*
para que renazca la música *so that music may be reborn*

para que el pueblo empiece *so that the people may start*
consumir *to consume*
la relación *relationship*
colaborar *to collaborate*
profundamente *deeply*
distinguir *to distinguish*
el sacerdote *priest*
son todo uno *it's all the same*
los dirigentes *leaders*
Frente Sandinista *Sandinista Front*
ateo, -a *atheist*

Note

The Imperfect Subjunctive
The Imperfect Subjunctive is formed from the 3rd person plural of the Preterite tense:

e.g.	*Infinitive*	*Preterite*	*Imperfect Subjunctive*	
	comprar	compraron	si comprara/comprase	if I were to buy
	vender	vendieron	si vendiera/vendiese	if I were to sell
	escribir	escribieron	si escribiera/escribiese	if I were to write
	tener	tuvieron	si tuviera/tuviese	if I had

The Imperfect Subjunctive is most often used in conditional sentences

e.g. si tuviera tiempo te acompañaría *if I had time, I would come with you*

Note that the Conditional is used for the main clause and the Imperfect Subjunctive for the 'if' clause (Gr.5.8).

Lección 28

Vocabulary

1.

el emigrante *emigrant, Spaniard working abroad*
europeo, -a *European*
un amigo mío *a friend of mine*
el obrero *worker*
el curso *course*
tomar parte en *to take part in*
las condiciones en que trabajan *the conditions under which they work*
a su llegada *on their arrival*

la dificultad *difficulty*
la escuela *school*
el patrono *employer*
la entrevista *interview*
los partidos políticos *political parties*
los sindicatos *trade unions*
un muchacho que vale mucho *a very capable fellow*
la publicidad *advertisements*

productos de la agricultura española *Spanish agricultural produce*
exportar/importar *to export/import*
el doble sentido *double meaning*

La vuelta *The return*
la tragedia *tragedy*
en busca de *in search of*
afrontar gastos *to meet the costs*
la incierta aventura *the uncertain adventure*
la razón *reason*
pensar en *to think about*
la crisis económica mundial *the world economic crisis*
a lo mejor *probably, maybe*
admitir *to allow*
siguen siendo *to continue to be*
cuyo idioma *whose language*
convertirse en *to turn into*
poseer *to possess*
la nacionalidad *nationality*
el país de origen *country of origin*
establecerse *to settle*
de nuevo *again*
nulo, -a *nil*
el callejón sin salida *a dead end*
el sentido *meaning, sense*

El desempleo *Unemployment*
las previsiones *forecasts*
respecto a *with respect to*
diverso, -a *various*
alarmante *alarming*
el nivel de paro *unemployment level*
a la cabeza *at the head*
el porcentaje *percentage*

Los «mojados»
la frontera *frontier*
la longitud *length*
intentar *to try*
diariamente *daily*
ilegalmente *illegally*
son detenidos *are arrested*
mojado, -a *soaked*
a través del río *across the river*
unido a *together with*
las relaciones *relations*
el oficial *official*
recibir órdenes *to receive orders*
«abrir un poco la mano» *to be a bit generous*
atrás *back*
la cárcel *prison*
en principio *in principle*
incluso *even*
una escena habitual *a common sight*

Lección 29

Vocabulary

1.

El indio y la tierra *The Indian and the land*
nacido, -a *born*
la tribu *tribe*
la costumbre *custom*
desde luego *naturally, of course*
el dialecto *dialect*
la tierra *land*
los años infantiles *childhood*
la paz *peace*
campesino, -a *rural*
la ocupación *task*
el espejo del paraíso *reflection of paradise*
el espejo *mirror*

se rompió *was shattered, broken*
el valor *value*
por los medios *by the methods*
emplear *to employ*
tribus volantes *nomadic tribes*
en carpas *in tents*
no se dio por vencido *he didn't give in*
luchar *to fight*
las autoridades *the authorities*
fue perseguido *he was persecuted*
tratar mal *to treat badly*
se nos hacía sentir *we were made to feel*
molestar *to be a nuisance*

las peticiones   *petitions*
el derecho   *right*
paradójicamente   *paradoxically*
los únicos   *the only people*
el suelo   *land*
se lo niegan   *they deny it to them*
contar (-ue)   *to relate, tell*
vale   *is true*
la llamada educación   *so-called education*
la cultura occidental   *Western culture*
mezclarse   *to integrate*
se convierte en   *he becomes, turns into*
las más de las veces   *most of the time*
el esclavo   *slave*
el amo   *master*
devolver (-ue)   *to give back*
el desarrollo mental   *intellectual development*
si se hiciera   *if that were to be done*
alguna vez   *some time*
el ser, los seres   *being*
llorar   *to weep*

Preguntan de dónde soy   *They ask where I come from*
responder   *to reply*
no tengo de adónde ser   (lit.) *I don't have (a place) to be from*
quemar   *to burn*
el trigo   *wheat*
la patria   *homeland*
el patrón   *master, owner*
le toca   *is due to him*
reconocer   *to recognize*
el sabor   *taste*
la boca   *mouth*
debajo de   *underneath*
la sangre   *blood*
el suelo   *the ground*
pa' dónde (para dónde)   *whither*

Lección 30

Vocabulary

Las venas abiertas de América Latina   *The open veins of Latin America*
el periodista   *journalist*
el recuerdo   *memory*
el escritor   *writer*
de momento   *at present*
traducir   *to translate*
ha sido traducido   *has been translated*
el ejemplar   *copy*
la división del trabajo   *division of labour*
consiste en que   *means that*
especializarse   *to specialize*
lanzarse   *to rush*
a través del mar   *across the sea*
hundir los dientes   *to sink one's teeth*
en la garganta   *into the throat*
el siglo   *century*
perfeccionó sus funciones   *perfected its tasks*
la sirvienta   *servant*
al servicio de   *in the service of*
las necesidades ajenas   *foreign needs*

la fuente   *source*
el hierro   *iron*
el cobre   *copper*
las materias primas   *raw materials*
los alimentos   *food*
consumiéndolos   *consuming them*
produciéndolos   *producing them*
el petróleo   *oil*
crecer   *to grow*
triplicarse   *to treble*
la bomba de tiempo   *time bomb*
actualmente   *at present*
desocupado   *unemployed*
el analfabeto   *illiterate*
la mano de obra   *workforce*
la pobreza   *poverty*
la riqueza   *wealth*
al borde   *on the edge*
el latifundio   *large estate*
reinar   *to reign*
la máquina   *machine*

previsto (from prever)   *foreseen*
la molestia   *annoyance*
sobrar   *to be in surplus*
reproducirse   *to reproduce*
hacer el amor   *to make love*
el entusiasmo   *enthusiasm*
sin precauciones   *without precautions*
porfiadamente   *obstinately*
continúan naciendo   *continue to be born*
reivindicando   *claiming, asserting*
el sitio   *place*
espléndido, -a   *splendid*
brindar   *to offer*
negar   *to deny*

Spanish–English word list

A

a *to*
  a España *to Spain*
  a la derecha *on the right*
  a la izquierda *on the left*
  a 100 metros de *100 metres from*
  al lado de *next to, by the side of*
  ¿a qué hora? *at what time*
  a casa *home, at home*
  ¿a cuántos estamos hoy? *what date is it today?*
  a tiempo *on time*
  al mismo tiempo *at the same time*
  a lo mejor *perhaps, probably*
  al + infinitivo *on . . . ing*
  a pie *on foot*
abierto *opened*
el abrazo *embrace, best wishes (letter)*
el abrigo *overcoat*
abril *April*
abrir *to open*
  abierto *opened*
aburrido *boring*
acabar *to finish*
  se me acaba *I have run out of*
  acabar de + infinitivo *to have just*
el accidente *accident*
el aceite *oil*
la aceituna *olive*
  aceitunas rellenas *stuffed olives*
aceptar *to accept*
acompañar *to accompany*
aconsejar *to advise*

acordarse *to remember*
el acuerdo *agreement*
  de acuerdo *agreed*
adelante *forward(s), ahead*
además *also, in addition*
adiós *goodbye*
¿adónde? *where to, whither*
aeropuerto *airport*
afectuoso *affectionate*
agencia de viajes *travel agency*
agosto *August*
agradable *pleasant, nice*
la agricultura *agriculture*
el agua (*f.*) *water*
  agua mineral *mineral water*
el agujero *hole*
ahí *there*
ahora *now*
  ahora mismo *right now, immediately*
el aire *air*
el ajedrez *chess*
al ajillo *in garlic*
el albaricoque *apricot*
las alcachofas *artichokes*
el alcohol *alcohol*
alegrarse de *to be pleased to*
  alegrarse de que + subjuntivo *to be glad that*
  alegrarse por alguien *to be happy for somebody*
alegre *happy*
la alegría *pleasure, treat*
alemán *German*

Alemania (*fem.*)   *Germany*
algo   *some, something*
el algodón   *cotton*
alguien   *somebody*
alguno   *some, any*
  algunos   *some* (pl.)
algún   *some*
el almacén   *store*
las almendras   *almonds*
alquilar   *to hire, rent*
alto *adj.*   *tall*
alto *adv.*   *loud*
allí   *there, over there*
el almíbar   *syrup*
amable   *kind*
amarillo   *yellow*
el ambiente   *atmosphere, surroundings*
la amiga/el amigo   *friend*
ancho   *wide*
andar   *to walk*
animado   *merry*
el animal   *animal*
anoche   *yesterday evening, last night*
antes   *before*
  antes de   *before*
  lo antes posible   *as soon as possible*
antiguo   *old, ancient*
el anuncio   *advertisement*
el año   *year*
  Año Nuevo   *New Year*
apagar   *to switch off (lights)*
el aparcamiento   *car park*
aparcar   *to park*
el aperitivo   *aperitif*
aprender   *to learn*
aprovechar   *to use, to take advantage of*
apuntar   *to make a note of*
aquel, aquella   *that (a long way off)*
aquí   *here*
  por aquí   *around here*
el árbol   *tree*
el armario   *cupboard, wardrobe*
arreglar   *to arrange, to mend*
  arreglarse   *to work out, to come to an*
        arrangement
arriba   *up, above, upstairs*
el arroz   *rice*
asado   *roast*
el ascensor   *lift*
así   *thus*
así que   *so that*

la aspirina   *aspirin*
el atasco   *traffic jam*
atentamente   *attentively*
le saluda atentamente   *yours faithfully*
aumentar   *to increase*
aunque   *although*
austríaco   *Austrian*
el autobús   *bus*
automático   *automatic*
la autopista   *motorway*
el auto-stop   *hitch-hike*
el avión   *aeroplane*
  en avión   *by air*
  por avión   *by air mail*
ay   *oh dear*
ayer   *yesterday*
ayudar   *to help*
el azúcar   *sugar*
azul   *blue*

B

bailar   *to dance*
bajo *adv.*   *quietly*
  hablar bajo   *to speak quietly*
bajo *prep.*   *below*
  bajo cero   *below zero*
el balcón   *balcony*
el banco   *bank*
el bañador   *bathing costume*
bañarse   *to bathe*
el baño   *bath*
el bar   *bar*
barato   *cheap*
la barbaridad   *atrocity, outrage*
¡qué barbaridad!   *how awful!*
el barco   *boat*
bastante   *rather, sufficient, quite a lot*
bastar   *to be sufficient, to suffice*
beber   *to drink*
la bebida   *drink*
la bicicleta   *bicycle*
bien   *well*
el billete   *ticket*
blanco   *white*
la blusa   *blouse*
el bocadillo   *sandwich (large)*
la bolsa   *bag*
el bolso   *small handbag, purse*
bonito   *pretty*
el bosque   *wood, woods*

las botas *boots*
la botella *bottle*
bueno *good, all right*
  buenos días *good morning, good day*
  buenas tardes *good afternoon, good evening*
  buen *good*
la bujía *sparking plug*
buscar *to look for*
  venir a buscar *to fetch*

C

los caballeros *gentlemen*
el caballo *horse*
la cabeza *head*
cada *each, every*
  cada día peor *worse every day*
  cada uno *each one*
caerse *to drop*
el café *coffee, café*
  café con leche *white coffee, coffee with milk*
la caja *cash desk*
el calamar *squid*
los calcetines *socks*
la calefacción *heating*
caliente *hot*
el calor *heat*
la calle *street*
la cama *bed*
la cámara *camera*
el camarero *waiter*
cambiar *to change*
  cambiar por *to exchange for*
el camino *track*
  estar en buen camino *to be on the right track*
la camisa *shirt*
el camping *camping*
el campo *country*
cansado *tired*
la cara *face*
el caracol *snail*
la carne *meat*
la carnicería *butcher's shop*
el carnet de conducir *driving licence*
caro *expensive*
el carrete *reel, spool*
la carretera *main road, highway*
la carta *letter*
la casa *home, house, firm*
  en casa *at home*
  a casa *home*

en casa de *at the home of*
casado *married*
casarse *to get married*
casi *almost*
el caso *case*
el cassette *cassette*
el castillo *castle*
catalán *Catalonian*
la catedral *cathedral*
la cena *supper*
cenar *to have supper*
la central *exchange, switchboard*
el centro *centre*
cerca de *near*
la cereza *cherry*
cerrar *to close, to shut*
certificado *registered*
la cerveza *beer*
la chaqueta *jacket*
el cierre *close down*
el cigarrillo *cigarette*
el cine *cinema*
el cinturón *belt*
la ciruela *plum*
la ciudad *town, city*
claro *of course, certainly*
  claramente *clearly*
la clase *class*
el clima *climate*
la cocina *cuisine, kitchen, stove*
el coche *car*
  el coche-restaurante *restaurant car*
  el coche-cama *sleeping car*
coger *to take, to catch*
el colegio *school*
el coliflor *cauliflower*
el color *colour*
comer *to eat, to have lunch*
la comida *food, meal*
¿cómo? *how?*
como *as*
cómodo *comfortable, convenient*
el compañero de trabajo *colleague*
comparar *to compare*
completo *complete*
  la pensión completa *full board*
complicado *complicated*
la compra *shopping*
  ir a la compra *to go shopping*
  hacer la compra *to do the shopping*
comprar *to buy*

con *with*
  conmigo *with me*
  contigo *with you* (*fam.*)
  con mucho gusto *with great pleasure*
el concierto *concert*
las condiciones *conditions*
conducir *to drive*
el conejo *rabbit*
conmigo *with me*
conocer *to know (a person or place), to get to know*
el consulado *consulate*
la consulta *surgery*
el contacto *contact*
contar *to tell, to relate*
contento *pleased, happy*
  ponerse contento *to become happy*
la contestación *reply, answer*
contestar *to reply*
contigo *with you* (*fam.*)
continuar *to continue*
contra *against*
  en contra de *against*
el contrato de trabajo *work contract*
controlar *to check*
convencido *convinced*
la copa *glass* (wine)
el corazón *heart*
el cordero *lamb*
la cordillera *mountain range*
el correo *post, mail*
  por correo *by post*
  Correos *post office*
la cortina *curtain*
corto *short*
la cosa *thing*
coser *to sew*
la costa *coast*
costar *to cost*
  costar trabajo *to require work*
la costilla *chop*
creer *to believe*
  no creer que + subjuntivo *to not believe that*
el cristal *glass*
  el cristal de delante *windscreen*
criticar *to criticize*
el cuadro *picture*
cuadrado *square*
¿cuál? *which*
cualquier *any, whatever*
cuando *when*
¿cuándo? *when?*

¿cuánto? *how much?*
  ¿cuántos? *how many?*
  ¡cuánto lo siento! *I'm so sorry!*
el cuarto *quarter, fourth, room*
  y cuarto *quarter past*
  un cuarto de kilo *a quarter of a kilo*
  el cuarto de baño *bathroom*
  el cuarto de estar *living room*
la cuchara *spoon*
la cucharita *teaspoon*
el cuchillo *knife*
la cuenta *bill*
el cuero *leather*
cuidar *to look after, care for*
el cumpleaños *birthday*
el curso *course*

Ch

la chaqueta *jacket*
charlar *to chat*
el cheque *cheque*
el chico, la chica *boy, girl/young man/ young woman*
chocar *to collide*

D

el daño *hurt*
dar *to give*
  darse cuenta *to realize*
  darse prisa *to hurry*
  me da igual *it's all the same to me*
  me da miedo *I'm frightened (of it)*
de *of, from*
  de nada *not at all*
  de momento *at the moment*
  de vacaciones *on holiday*
  de acuerdo *agreed*
  de dos a tres *from two to three*
  de excursión *on an excursion*
  de todas formas *in any case*
  de vez en cuando *from time to time*
  de mi parte *on my behalf*
  de verdad que *really*
  de paso *passing through*
  de ninguna manera *not at all*
  de repente *suddenly*
  de otra manera *by other means*
deber *must, ought*
los deberes *homework*
débil *weak, feeble*

decidirse   *to decide*
el décimo   *tenth*
decir   *to say*
  dicho   *said*
el dedo   *finger*
dejar   *to leave, to lend*
  dejar de   *to stop doing*
delante   *in front*
  delante de   *in front of*
  de delante   *front*
demás   *remaining*
  lo demás   *the rest*
  los demás   *the rest, the others*
demasiado (*adj.*)   *too much*
demasiado (*adv.*)   *too*
el dentista   *dentist*
dentro de   *inside*
depender   *to depend*
el deporte   *sport*
de prisa   *quickly, fast*
la derecha   *right*
  a la derecha   *on the right*
desagradable   *disagreeable, unpleasant*
desayunar   *to have breakfast*
el desayuno   *breakfast*
descansar   *to rest*
el descanso   *rest, rest day*
desde   *from*
  desde luego   *of course, naturally*
  desde hace   *ago, since*
desear   *to desire, wish*
desgraciadamente   *unfortunately*
desilusionado   *disappointed*
despacio   *slowly*
la despedida   *leave-taking*
despertar   *to wake*
despistado   *absent-minded*
después   *afterwards*
  después de   *after*
detrás de   *behind*
el día   *day*
  buenos días   *good day, good morning*
  hace un día estupendo   *its a marvellous day*
la diapositiva   *slide (film)*
diario   *daily*
diciembre (*m.*)   *December*
diferente   *different*
difícil   *difficult*
la dificultad   *difficulty*
el dinero   *money*
la dirección   *address*
  en dirección de   *in the direction of*

directo   *direct*
el disco   *record*
la discusión   *argument*
distinto   *different*
divertido   *amusing*
divertirse   *to enjoy oneself*
  que se diviertan   *have a good time*
doble   *double*
el doctor   *doctor*
doler   *to hurt*
el dolor   *pain*
el domingo   *Sunday*
¿dónde?   *where?*
  ¿adónde?   *where to?*
  ¿de dónde?   *where from?*
dormir   *to sleep*
la ducha   *shower*
ducharse   *to take a shower*
la duda   *doubt*
  sin duda   *without doubt*
dulce   *sweet*
durante   *during*
duro   *hard*

E

echarse   *to lie down*
el ejemplo   *example*
  por ejemplo   *for example*
el   *the*
él   *he*
  ellos   *they, them (m.pl.)*
eléctrico   *electric*
ella   *she*
  ellas   *they, them (f.)*
el emigrante   *emigrant, Spaniard working abroad*
empezar   *to begin*
el empleado, la empleada   *employee*
en   *in*
  en España   *in Spain*
  en grupo   *in a group*
  ir en tren   *to go by train*
  en agosto   *in August*
  en casa   *at home*
  en realidad   *in reality, really*
  en ningún sitio   *nowhere*
  en general   *in general*
  en fin   *in short*
  en absoluto   *at all*
  en contra de   *against*
  en seguida   *at once*

encantado   *delighted*
encantar   *to enchant*
encargar   *to order*
  encargarse de   *to be responsible for*
encender   *to switch on (lights)*
encontrar   *to find, to meet*
  encontrarse   *to feel*
enero   *January*
enfadarse   *to get angry*
enfermo   *ill*
enfrente de   *in front, opposite*
enfriarse   *to catch cold*
enlazar con   *to connect with*
enorme   *enormous, gigantic*
la ensalada   *salad*
enseguida   *at once, immediately*
enseñar   *to show, to teach*
entender   *to understand*
  entenderse bien   *to get on well*
entonces   *then (as a result)*
la entrada   *entrance ticket, entrance, deposit*
entrar   *to enter*
entre   *between*
la entrevista   *interview*
envolver   *to wrap up*
equivocarse   *to be mistaken*
la escala   *stopover*
la escalera   *stairs*
el escaparate   *shop window*
escribir   *to write*
  escrito   *written*
escuchar   *to listen*
la escuela   *school*
ese, esa   *that (m., f.)*
eso   *that (neuter)*
  para eso   *for that reason*
España (f.)   *Spain*
español   *Spanish*
especial   *special*
la especie   *sort, kind*
esperar   *to hope, to wait*
  esperar que + subjuntivo   *to hope that*
las espinacas   *spinach*
es que   *it is that*
esquiar   *to ski*
esta   *this*
  este   *this (m.)*
  esto   *this (neuter)*
  estos   *these (m.)*
la estación   *station*

la estación de servicio   *service station*
el estanco   *tobacconist*
estar   *to be (state, place)*
  estar casado   *to be married*
  estar de acuerdo   *to be agreed, to be in agreement*
  estar sin dinero   *to be without money*
  estar rico   *to be (taste) very nice* (of food)
el este   *East*
el estómago   *stomach*
estrecho   *tight, narrow*
estropearse   *to get damaged, to spoil*
estudiar   *to study*
estupendo   *marvellous, terrific*
etc.   *etcetera*
europeo   *European*
exacto   *exact(ly)*
  exactamente   *exactly*
el examen   *exam*
excelente   *excellent*
la excursión   *excursion*
el éxito   *success*
la experiencia   *experience*
explicar   *to explain*
la exportación   *export*
exportar   *to export*
extranjero   *foreign, abroad*
extraordinario   *extraordinary*

F

la fábrica   *factory*
fácil   *easy*
la falda   *skirt*
faltar   *to lack*
la familia   *family*
famoso   *famous*
la farmacia   *chemist*
fatal   *terrible*
el favor   *favour, good turn, kindness*
  por favor   *please*
febrero   *February*
la fecha de circulación   *dates of service*
las felicidades   *congratulations*
felicitar   *to congratulate*
feliz   *happy*
el ferrocarril   *railway*
la fiebre   *temperature*
la fiesta   *party, festival*
el fin   *end*
  el fin de semana   *weekend*
  por fin   *at last*
  en fin   *in short*

el final   *the end*
fino   *fine*
el flan   *crême caramel*
la flor   *flower*
la forma   *way, means*
   de todas formas   *in any case*
   de esta forma   *in this way*
   de otra forma   *in another way*
la foto   *photo*
fotográfico   *photographic*
   la máquina fotográfica   *camera*
Francia (*f.*)   *France*
francés   *French, Frenchman*
la fresa   *strawberry*
fresco   *fresh*
el frío (*m.*)   *cold*
   hace frío   *it's cold*
   tener al frío   *to keep cool*
frío (*adj.*)   *cold*
frito   *fried*
la fruta   *fruit*
fuera   *away (adv.)*
fuerte   *strong*
fumar   *to smoke*
la función   *performance*
funcionar   *to work*
el fútbol   *football*

G

las gafas   *glasses*
las gafas de sol   *sunglasses*
las gambas   *prawns*
   gambas al ajillo   *prawns in garlic*
   gambas a la plancha   *grilled prawns*
ganar   *to earn*
las ganas   *desire*
el garaje   *garage*
la garganta   *throat*
la gasolina   *petrol*
la gasolinera   *petrol station*
   gastado   *worn*
gastar   *to spend*
el gato   *cat*
el gazpacho   *Andalusian cold soup*
general   *general*
   generalmente   *generally*
   en general   *in general*
la gente   *people*
el gobierno   *government*
gordo   *fat*
la gota   *drop*

gracias   *thank you*
   gracias por   *thanks for*
el grado   *degree*
el gramo   *gramme*
grande   *large, big*
   gran   *large, big*
   los grandes almacenes (*m.pl.*)   *big stores*
la grasa   *fat*
grave   *serious*
la gripe   *'flu*
gris   *grey*
el grupo   *group*
guapo, guapa   *handsome, pretty*
el guardia   *policeman*
   el guardia de tráfico   *traffic policeman*
   la Guardia Civil   *Civil Guard*
la guía   *guide*
los guisantes   *peas*
la guitarra   *guitar*
gustar   *to please*
el gusto   *pleasure*
   mucho gusto   *pleased to meet you*
   con mucho gusto   *with great pleasure*

H

haber   *to have*
la habitación   *room*
   la habitación doble   *double room*
   la habitación individual   *single room*
hablar   *to speak*
   hablar sobre   *to talk about*
   hablar por teléfono   *to talk on the phone*
hacer   *to do*
   hace calor   *it's hot*
   ¿qué tiempo ha hecho?   *what was the weather like?*
   hacer algo por alguien   *to do something for sombody*
   hace una hora   *an hour ago*
   hacer esperar   *to keep waiting*
   hacerse daño   *to hurt yourself*
hala   *come on, let's go, I'll be off*
el hambre (*f.*)   *hunger*
hasta   *up to, even*
hay   *there is, there are*
hay que   *one has to*
   no hay que   *one doesn't have to*
el hecho   *fact*
el helado   *ice-cream*
el hermano, la hermana   *brother, sister*
el hijo, la hija   *son, daughter*

histórico *historical*
la hoja *form, sheet*
hola *hello*
el hombre *man, good heavens!*
  ¡hombre! (*exclam.*) *good heavens!*
la hora *hour*
  pedir hora *to ask for an appointment*
  a estas horas *at this time*
el horario *timetable*
el horno *oven*
el hospital *hospital*
el hotel *hotel*
hoy *today*
  hoy mismo *today at the latest*
la huelga *strike*
el huevo *egg*
húmedo *damp*

I

la idea *idea*
el idioma *language*
la iglesia *church*
igual *the same, equal*
  igual que *just as*
  igualmente *the same (to you)*
  me da igual *it's all the same to me*
la importación *import*
la importancia *importance*
importante *important*
importar *to matter, to import*
imposible *impossible*
improvisar *to improvise*
los impuestos *taxes*
incluido *included*
indio *Indian*
individual *individual*
la inflación *inflation*
informar *to inform*
informarse *to find out*
Inglaterra (*f.*) *England*
inglés *English*
inteligente *intelligent*
la intención *intention*
intentar *to attempt, try*
interesante *interesting*
interesar *to interest*
internacional *international*
el invierno *winter*
invitar *to invite*
ir *to go*
  ir a hacer *to be going to do*

ir a España *to go to Spain*
ir de vacaciones *to go on holiday*
irse *to go away, to leave*
ir a ver *to go to see*
ir a pie *to go on foot, to walk*
la isla *island*
-ito *little (diminutive)*
la izquierda *left*
  a la izquierda *on the left*

J

el jamón *ham*
el jardín *garden*
el jefe *boss*
el jerez *sherry*
el jersey *pullover, jersey*
joven *young*
las judías *beans*
jueves (*m.*) *Thursday*
jugar *to play*
el jugo *juice*
julio (*m.*) *July*
junio (*m.*) *June*
junto a *next to*
juntos *together*

K

el kilo *kilo*
el kilómetro *kilometre*

L

la, las (*art.*) *the*
la (*pron.*) *it, her*
  las *them*
el lado *side*
  al lado de *by the side of*
el lago *lake*
la lana *wool*
la langosta *lobster*
el langostino *large prawn, crayfish*
largo *long*
la lástima *pity*
  lástima que + subjuntivo *it's a pity that*
Latinoamérica (*f.*) *Latin America*
latinoamericano *Latin American*
el lavabo *wash basin, lavatory*
lavar *to wash*
le *you, him*
la leche *milk*
la lechuga *lettuce*
leer *to read*

lejos   *far away, far*
  lejos de   *far from*
lento   *slow*
levantarse   *to get up*
libre   *free*
la librería   *bookshop*
el libro   *book*
ligero   *light*
el limón   *lemon*
limpiar   *to clean*
limpio   *clean*
el litro   *litre*
lo (*art.*)   *the*
  lo mejor   *the best*
  a lo mejor   *perhaps, probably*
lo más barato   *the cheapest*
lo de   *that of*
lo demás   *the rest*
lo antes posible   *as soon as possible*
los demás   *the rest, the others*
lo (*pron. m.*)   *it*
  los   *them*
  lo (*pron. n.*)   *it*
  lo siento   *I am sorry*
  no lo sabía   *I didn't know (that)*
  lo que   *that which*
la locura   *madness*
el lomo de cerdo   *loin of pork*
Londres   *London*
luego   *then*
  hasta luego   *until later*
lunes (*m.*)   *Monday*
la luz   *light*

Ll

llamar   *to call*
  llamarse   *to be called*
  llamar por teléfono   *to phone*
la llave   *key*
la llegada   *arrival*
llegar   *to arrive*
  llegar tarde   *to arrive late*
  llegar a tiempo   *to arrive on time*
llenar   *to fill*
lleno   *full*
llevar   *to take, to carry, to wear*
  llevarse algo   *to take something with one*
llevar razón   *to be right*
llorar   *to cry*
llover   *to rain*

M

la madera   *wood*
la madre   *mother*
la madrugada   *dawn*
mal (*adv.*)   *unwell*
la maleta   *suitcase*
malo   *unwell*
  mal   *bad*
  mala suerte   *bad luck*
mandar   *to send*
la manera   *manner, means*
la mano   *hand*
  de segunda mano   *second hand*
el mantel   *table cloth*
la mantequilla   *butter*
la manzana   *apple*
la mañana   *morning*
  por la mañana   *in the morning*
mañana (*adv.*)   *tomorrow*
la máquina   *machine*
el mar   *sea*
marcharse   *to go, to leave*
el marido   *husband*
los mariscos   *shellfish*
marrón   *brown*
martes (*m.*)   *Tuesday*
marzo (*m.*)   *March*
más   *more*
  lo que más me gusta   *what I like best*
el material   *material*
mayo (*m.*)   *May*
mayor   *grownup, mature, elderly*
me   *me*
  me llamo   *I am called*
  me gustaría   *I should like*
las medias   *stockings*
la medicina   *medicine*
el médico   *doctor*
medio   *half*
  y media   *half past*
  medio kilo   *half a kilo*
  media pensión   *half board*
los mejillones   *mussels*
mejor (*adj.*)   *best*
  es mejor que + subjuntivo   *it's better that*
mejor (*adv.*)   *better*
mejorarse   *to improve*
  que te mejores   *(I hope you) get well*
el melocotón   *peach*
el melón   *melon*

menos *less*
  menos cuarto *quarter to*
  por lo menos *at least*
-mente *-ly (adverb ending)*
el menú *menu*
el mercado *market*
la merluza *hake*
el mes *month*
la mesa *table*
la mesilla *little table*
la mesita *little table*
el metal *metal*
meter *to put*
meterse en *to enter*
el metro *metre*
el Metro *underground*
mexicano *Mexican*
mi *my*
mí *to me*
  a mí me gusta *I like*
el miedo *fear*
  de miedo *wonderful, smashing*
  me da miedo *I am frightened (of it)*
mientras *while*
miércoles (*m.*) *Wednesday*
mil *a thousand*
el millón *million*
mínimo *least, minimum*
el minuto *minute*
mío *mine*
  el mío *mine*
  un amigo mío *a friend of mine*
mirar *to look at*
mismo *same*
  hoy mismo *this very day*
  al mismo tiempo *at the same time*
  lo mismo *the same*
  yo mismo *I myself*
  ahora mismo *right now, immediately*
la mitad *half*
el modelo *model*
moderno *modern*
mojarse *to get wet*
molestar *to bother*
  no se moleste *don't go to any trouble*
el momento *moment*
  de momento *at the moment*
la montaña *mountain*
montar *to ride (horse, bicycle)*
moreno *dark, brown*
morir *to die*
  muerto *dead*

la moto, motocicleta *motorbike*
el motor *engine*
el muchacho, la muchacha *boy, girl*
mucho (*adj.*) *much, many*
  muchas gracias *many thanks*
mucho (*adv.*) *a lot*
  me gusta mucho *I like it a lot*
los muebles *furniture*
la muela *back tooth, molar*
la mujer *wife, woman*
la multa *fine*
el mundo *world*
el museo *museum*
la música *music*
muy *very*
  muy bien *very well*
  muy señores míos *Dear Sirs*

N
nacer *to be born*
nacional *national*
nada *nothing*
  de nada *not at all*
  nada más *no more*
  nada de especial *nothing special*
nadar *to swim*
nadie *no-one*
la naranja *orange*
natural *natural, of course*
las Navidades *Christmas*
necesario *necessary*
necesitar *to need*
negro *black*
los nervios *nerves*
nervioso *overwrought, nervy*
nevar *to snow*
la nevera *refrigerator*
ni *nor*
la nieve *snow*
ninguno *none*
  ningún *no*
el niño, la niña *child*
no *no, not*
la noche *night*
el nombre *name*
normal *normal*
el norte *north*
nos *us*
nosotros *we*
la nota *account, note*
la noticia *news*
noveno *ninth*

noviembre (*m.*)   *November*
el novio, la novia   *boy/girl friend/fiancé(e),*
                    bride(groom)
nuestro   *our*
nuevo   *new*
el número   *number, size*
nunca   *never*
el nylón   *nylon*

O

o   *or*
el obrero   *worker*
obtener   *to get, to obtain*
octavo   *eighth*
ocuparse   *to look after*
octubre (*m.*)   *October*
el oeste   *west*
la oficina   *office*
   oficina de Correos   *post office*
oír   *to hear, to listen to*
el ojo   *eye*
olvidar   *to forget*
   olvidarse de   *to forget*
   se nos olvidó   *it slipped our minds*
la opinión   *opinion*
os   *you (fam. pl.)*
oscuro   *dark*
el otoño   *autumn*
otro   *other*
   el otro   *the other*
otro café   *another coffee*
   otra vez   *again*

P

el padre   *father*
los padres   *parents*
la paella   *paella*
pagar   *to pay*
el país   *country*
el paisaje   *scenery*
la palabra   *word*
el palacio   *palace*
el pan   *bread*
el pantalón   *(pair of) trousers*
el papel   *paper*
el paquete   *packet*
para   *for, in order to*
   ¿para qué?   *why*
   para + infinitivo   *in order to*
   para eso   *for that reason*
   para que + subjuntivo   *in order to, that*
la parada   *stop*

parar   *to stop*
parecer   *to appear*
parecido   *similar*
el parque   *park*
la parilla   *grill*
la parte   *part*
   de mi parte   *on my behalf*
   en todas partes   *everywhere*
   por todas partes   *everywhere*
   tomar parte   *to take part*
el partido   *party (political)*
pasado   *last*
   pasado mañana   *the day after tomorrow*
el pasaporte   *passport*
pasar   *to be the matter, to happen, to enter,*
         to call by
   pasarlo bien   *to enjoy*
el paseo   *walk*
   ir de paseo   *to go for a walk*
   dar un paseo   *to go for a walk*
la patata   *potato*
la patata frita   *chip, crisp*
el patrón   *employer*
el pecho   *chest*
el pedazo   *a little bit, a morsel*
pedir   *to ask for*
la película   *film*
peligroso   *dangerous*
el pelo   *hair*
la pena   *trouble*
pensar   *to think*
la pensión   *guest house, pension*
penúltimo   *penultimate*
peor   *worse*
el pepino   *cucumber*
pequeño   *small*
la pera   *pear*
perder   *to lose, to spoil*
perdón   *pardon, excuse me*
perdonar   *to forgive*
perfectamente   *perfectly*
el periódico   *newspaper*
permitir   *to allow, permit*
pero   *but*
el perro   *dog*
la persona   *person*
pesado   *heavy*
el pescado   *fish (cooked)*
la peseta   *peseta (Spanish currency)*
el peso   *weight*
picante   *spicy, highly seasoned*
el pie   *foot*

a pie   *on foot*
la piel   *skin, fine leather*
el pimiento   *pepper*
pintar   *to paint*
la piscina   *swimming pool*
el piso   *floor, flat*
el plan   *plan*
la planta   *plant*
plástico   *plastic*
el plátano   *banana*
el plato   *dish, plate*
la playa   *beach*
las playeras   *plimsolls*
la plaza   *square*
pobre   *poor*
poco   *little*
   un poco   *a little*
   un poco más   *a little more*
   poco a poco   *little by little, by instalments*
poder   *to be able to*
la policía   *police*
político   *political*
el pollo   *chicken*
popular   *popular*
poner   *to put, to lay (table), to send (telegram), to show (film)*
poner en marcha   *to start up*
ponerlo todo perdido   *to spoil everything*
ponerse algo   *to put on (clothes)*
   ponerse contento   *to become happy*
   ponerse bien   *to feel better*
   ponerse enfermo   *to fall ill*
puesto   *put*
por   *for, in order to*
   por favor   *please*
   ¿por qué?   *why?*
   por ejemplo   *for example*
   por eso   *that's why*
   por aquí   *around here*
   por teléfono   *on the telephone*
   por la mañana   *in the morning*
   pasar por   *to pass by, to call by*
   hacer algo por alguién   *to do something for somebody*
   por correo   *by post*
   por fin   *at last*
   por la autopista   *by motorway*
   por Dios   *for heaven's sake*
   por lo menos   *at least*
   por hora   *an hour, per hour*
   por todas partes   *everywhere*

por persona   *per person*
porque   *because*
la posibilidad   *possibility*
posible   *possible*
   es posible que + subjuntivo   *it is possible that*
la postal   *postcard*
el postre   *dessert, sweet*
práctico   *practical*
   prácticamente   *practically*
el precio   *price*
precioso   *lovely, charming*
precisamente   *precisely, exactly*
preferir   *to prefer*
el prefijo   *prefix, dialling code*
la pregunta   *question*
preguntar   *to ask*
   preguntar por   *to ask for*
preocupar   *to worry*
   preocuparse   *to worry*
preparar   *to prepare*
presentar   *to introduce*
   presentarse   *to appear, to report*
la primavera   *spring*
primero (adj.)   *first*
   primer   *first*
primero (adv.)   *first(ly)*
la prisa   *hurry*
   de prisa/deprisa   *quickly, fast*
   darse prisa   *to hurry*
probable   *probable*
   probablemente   *probably*
   es probable que + subjuntivo   *it is possible that*
probar   *to try*
   probarse   *to try on*
la problema   *problem*
el producto   *product*
el profesor   *teacher (secondary school)*
el programa   *programme*
prohibir   *to forbid*
prometer   *to promise*
pronto   *soon*
   hasta pronto   *'bye for now*
la propina   *tip*
propio   *own*
protestar   *to protest*
próximo   *next*
publicar   *to publish*
la publicidad   *advertisements, publicity*
público   *public*
el pueblo   *small town, large village*

el pueblecito *village, small town*
el puente *bridge*
la puerta *door*
el puerto *port*
pues *well, then*
el puesto (*m.*) *job, post*
punto *point*
  en punto *precisely*

Q

que *that*
  que + subjuntivo *may you*
que (*pron. rel.*) *which*
¿qué? *what?*
  ¿para qué? *why?*
  ¿qué tal? *how are things?*
  ¡qué + *adj./adv.*! *how...!*
  ¡qué + *noun* + más + *adj.*! *what...!*
  ¡qué va! *nonsense!*
quedar *to remain, to be left*
  quedar con *to have a date with*
  quedar en *to agree*
  quedar + *adj.* *to get*
quedarse *to stay*
quedarse + *adj.* *to be*
quedarse con *to take, to choose, to keep*
querer *to want, to like, to love*
  quisiera *I should like*
el queso *cheese*
quien *who*
¿quién? *who?*
quince días *a fortnight*
quinto *fifth*
quitar *to leave, to take away*
quitarse *to take off*
quizás *perhaps*

R

la radio *radio*
rápido *fast*
el rato *short time, little while*
la razón *reason*
la realidad *reality*
  en realidad *in reality, really*
recibir *to receive*
la reclamación *complaint*
recomendar *to recommend*
el recuerdo *souvenir, memento*
redondo *round*
refrescante *refreshing*
el refresco *refreshing drink*

el regalo *present*
la región *countryside, region*
regular *regular, fair*
reír *laugh*
la relación *relationship*
el reloj *watch*
RENFE *(Spanish National Railways)*
la reparación *repair*
reparar *to repair*
repetir *to repeat*
reservar *to reserve*
respirar *to breathe*
el restaurante *restaurant*
el resto *remainder*
resultar *to become*
  resultar + *adj.* *to become*
  resulta que *the fact is that*
el retraso *delay*
reunir *to get together*
reunirse *to meet*
la revista *magazine*
rico *rich, tasty*
el río *river*
robar *to steal*
rogar *to ask, request*
rojo *red*
romper *to break*
  se ha roto *it has broken*
  romperse la cabeza *to rack one's brains*
el ron *rum*
la ropa *clothes*
la ropa interior *underwear*
rubio *blond, fair-haired, (of tobacco) Virginian*
el ruido *noise*

S

sábado (*m.*) *Saturday*
saber *to know*
sacar *to book (ticket), to take out*
la sal *salt*
el salario *wages, pay*
la salida *departure, exit*
salir *to leave, to go out*
la salud *health*
saludar *to greet*
el saludo *greeting*
la sangría *(Spanish cold punch)*
sano *healthy*
se *oneself*
  se llama *is called*
  se escribe *it is spelt* (lit. *written*)

seco *dry*

la sed *thirst*

la seda *silk*

seguir *to continue*

segundo *second*

  de segunda mano *second hand*

el seguro *insurance*

seguro *certainly, sure(ly)*

  seguro que *surely*

  estar seguro *to be sure*

el sello *stamp*

la semana *week*

  la Semana Santa *Holy Week*

  el fin de semana *weekend*

sencillo *simple, easy*

sentado *seated*

sentar *to suit*

sentarse *to sit down*

el sentido *meaning*

sentir *to be sorry*

  sentirse *to feel*

el señor *gentleman, Mr*

la señora *lady, Mrs*

la señorita *young lady, Miss*

se(p)tiembre (*m.*) *September*

séptimo *seventh*

ser *to be*

  es la una *it's one o'clock*

  es que *it is that*

el servicio *service*

  los servicios *toilets*

servir *to serve*

sexto *sixth*

si *if, whether*

  si no *if not*

sí *yes*

siempre *always*

la sierra *mountain range*

la siesta *afternoon rest*

siguiente *following*

la silla *chair*

el sillón *armchair*

simpático *nice, pleasant*

sin *without*

el sindicato *trade union*

el sitio *place*

  en ningún sitio *nowhere*

la situación *situation*

sobre *about*

  sobre todo *above all*

social *social*

el sofá *sofa*

el sol *sun*

soler *to be accustomed to*

solo *alone*

sólo *only*

solamente *only*

la solución *solution*

el sombrero *hat*

la sopa *soup*

su *his, her, your, their*

subir *to go up, to climb*

sucio *dirty*

el sueldo *salary, pay*

la suerte *luck*

  mala suerte *bad luck*

suficiente *enough, sufficient*

  lo suficiente para *enough to . . .*

Suiza (*f.*) *Switzerland*

suizo *Swiss*

súper *top grade, 4-star (petrol)*

el supermercado *supermarket*

el sur *south*

el surtido de fiambre *cold meat platter*

suyo *yours, his, hers, theirs*

T

el tabaco *tobacco*

el taller de reparaciones *repair shop*

también *also, too*

tampoco *neither*

tan *such, so*

tanto (*adj.*) *so much*

  tantos *so many*

tanto (*adv.*) *so much*

la tapa *(snack served with drinks)*

tardar *to take (a long) time, to delay*

la tarde (*f.*) *afternoon*

  buenas tardes *good afternoon*

  por la tarde *in the afternoon*

tarde (*adv.*) *late*

  es tarde *it's late*

  llegar tarde *to arrive late*

la tarjeta *card*

la tasca *pub, bar*

  ir de tascas *to go on a pub crawl*

el taxi *taxi*

la taza *cup*

te *yourself*

  te llamas *you are called*

  ¿qué te pasa? *what's the matter with you?*

el té *tea*

el teatro *theatre*
telefonear *to telephone*
el teléfono *telephone*
la televisión *television*
temprano *early*
el tenedor *fork*
tener *to have*
  tener que *to have to*
  tener ... años *to be ... years old*
  tener hambre *to be hungry*
  tener sed *to be thirsty*
  tener suerte *to be lucky*
  tener razón *to be right*
  tener al frío *to keep cool*
  tener ganas *to wish to*
el tenis *tennis*
la tensión baja/alta *low/high blood pressure*
tercero *third*
  tercer *third*
terminar *to finish, to end*
la ternera *veal*
el tiempo *time, weather*
  a tiempo *on time*
hace ... tiempo *the weather is ...*
la tienda *shop*
tinto *red (of wine)*
típico *typical*
el tipo *type*
tirar *to knock over, to throw*
la toalla *towel*
tocar *to play (an instrument)*
todavía *yet, still*
  todavía no *not yet*
todo *everything*
  todos *all*
  todo el día *all day, the whole day*
  todos los días *every day*
tomar *to take*
  tomarse el tiempo *to take one's time*
  tomar parte en *to take part in*
el tomate *tomato*
los toros *bulls, bull-fight*
la torre *tower*
la tortilla *omelet*
total *in short, all in all*
  totalmente *totally*
trabajar *to work*
el trabajo *work*
tradicional *old-fashioned*
traer *to bring*
el tráfico *traffic*

el traje *suit*
tranquilo *quiet*
tratar de *to try to*
  tratarse de *to be a matter of*
el tren *train*
triste *sad*
tu *your (fam.)*
tú *you (fam.)*
el turista *tourist*

U

último *last*
  penúltimo *penultimate*
uno *one*
  un *a*
  una *one, a*
  unos *some*
  uno necesita *one needs*
urgente *urgent*
usted *you*

V

las vacaciones *holidays*
vacío *empty*
valer *to be worth*
varios *various, several*
el vaso *glass*
el vecino *neighbour*
vender *to sell*
venir *to come*
  el domingo que viene *next Sunday*
  venir a buscar *to fetch*
la ventana *window*
el vendedor *sales assistant*
ver *to see*
  ir a ver *to go to see*
  a ver si *let's see if*
  a ver qué *let's see, let's think it over*
el verano *summer*
la verdad *truth*
  de verdad *really*
  de verdad que *really*
verdaderamente *really*
verde *green*
la verdura *vegetables*
el vestido *dress*
la vez *time*
á veces *sometimes*
  de vez en cuando *from time to time*
  la primera vez que *the first time that*
  esta vez *this time*

otra vez   *again*
viajar   *to travel*
el viaje   *journey, trip*
el viajero   *passenger*
la vida   *life, cost of living*
viejo   *old*
el viento   *wind*
viernes (*m.*)   *Friday*
el vino   *wine*
  el vino blanco/tinto   *white/red wine*
la visita   *visit*
visitar   *to visit*
vivir   *to live*
volver   *to return*
  volver a ver   *to see again*
  vuelto   *returned*
  volverse + *adj.*   *to become*
vosotros   *you* (*m.*)
  vosotras   *you* (*f.*)
el vuelo   *flight*
la vuelta   *turn, short walk*
  dar una vuelta   *to go for a short walk*
estar de vuelta   *to have returned*

Y
y   *and*
ya   *already*
  ya no   *no longer*
yo   *I*

Z
las zanahorias   *carrots*
el zapato   *shoe*

Solution to crossword puzzle on page 35

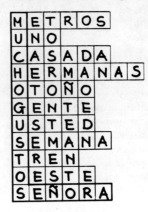

214

Glossary of grammatical terms

Grammatical terms are simply a shorthand to describe the position and function of words in a sentence:

e.g.   The man eats a green apple slowly in the garden.

The	definite article
man	noun subject
eats	verb
a	indefinite article
green	adjective
apple	noun object
slowly	adverb
in	preposition
the	definite article
garden	noun

The main terms used in this book can be defined as follows:

Article
The 'definite article' is the grammatical name given to the word 'the'. In Spanish it is either *el* or *la* – plural *los* or *las*. The 'indefinite article' is the grammatical name given to the word 'a' or 'an'. In Spanish, this is *un* or *una*.

Noun
A noun is a person, place, animal or thing. It can be either masculine or feminine. It is usually accompanied either by the *definite article* ('the') or the *indefinite article* ('a'). The *plural* is the term used for more than one of a noun (e.g. 'apples').

Subject
This is the name given to the person or thing 'doing the action' in a sentence:

e.g.   the man (subject) eats (action) a green apple
       the bus (subject) comes (action) down the road

Adjectives
Adjectives are words which describe nouns (e.g. 'green'). They can be *compared* ('greener', 'greenest'). *Possessive* adjectives are 'my', 'your', 'his', etc., and *demonstrative* adjectives are 'this' or 'that' (e.g. '*this* apple').

Verb
A verb is a word which describes an action (e.g. 'eats') or a state (e.g. 'is'). The *tense* of a verb indicates the time when an action takes place; thus 'I eat' is *present* tense, 'I ate' is *past* tense. The *infinitive* of a verb does not mention a person or a time – it is the basic form of the verb (e.g. 'to eat'). It is important to know the infinitive of the verb, because this is the corner-stone for all the different tenses and endings.

Reflexive verbs are basically speaking verbs which express an action you do to or for yourself, e.g. 'I wash myself'.

The *Present Participle* expresses an action that is going on (e.g. 'eating').

The *Past Participle* in English usually follows 'have/has' to indicate an action in the past (e.g. 'eaten' in 'I have eaten').

The *Subjunctive Mood* in Spanish corresponds to the English 'may' ('I may go out tonight') or 'were' ('if I were rich . . .').

The *Passive* describes an action from the point of view of the thing to which the action is done, e.g. 'The apple is eaten by the man.'

Imperatives are used when you tell someone to do something, e.g. 'Come here!', 'Come in!'.

Object
An object describes the *noun* or *pronoun* (see below) which the verb acts on, and usually (in English) follows the verb, e.g. 'The man eats *the apple*.' The object can be either a direct object (i.e. 'the apple') or an *indirect object* which usually has 'to' in front of it in English, e.g. 'I give the apple *to the man*'.
(direct)   (*indirect*)

Pronouns
are words which stand in place of nouns. A pronoun may stand for the subject of the sentence, e.g. 'he' for 'the man' in the sentence above, or for the object, e.g. 'it' for 'a green apple'. It may also stand for an indirect object, e.g. in 'I wrote my mother a letter' substituting 'her' for 'my mother'.
Relative pronouns are words like 'who', 'whom', etc., which refer back to a noun mentioned earlier (e.g. 'the man who was eating the apple').
Reflexive pronouns are the ones which accompany reflexive verbs, e.g. 'himself', 'yourself' etc.
Demonstrative pronouns are 'this', 'that', 'these', 'those' used without a noun, e.g. 'Would you like an apple? *This* is a good one.'

Indefinites
are words like 'all', 'every', 'any', used when no particular person or thing is mentioned.

Adverbs
are words which tell you something about the verb, e.g. how, where or when a thing is done ('The man eats the apple *slowly*').

Prepositions
are words put before nouns or pronouns to indicate time, place, condition etc., e.g. '*in* the garden', '*with* my friend'.

Conjunctions
link two parts of a sentence, e.g. 'We were walking *and* talking'. The commonest conjunctions in English are 'and' and 'but'.

Interrogative words
are those used to start questions, e.g. 'when?', 'who?', 'how?' etc. They are also used in indirect questions, e.g. 'I don't know *when* she is coming'.

Negatives
are words like 'no', 'not', 'never', etc., which indicate that an action is not being done (e.g. 'I *never* eat apples').

Grammar summary

A The Verb

1. Types of verb in Spanish
In Spanish there are three basic types of verb:

a. Those whose infinitive ends in -*ar* like habl*ar* = to speak; tom*ar* to take; compr*ar* = to buy; mand*ar* = to send; gast*ar* = to spend; lleg*ar* = to arrive.

b. Those whose infinitive ends in -*er*, like le*er* = to read; vend*er* = to sell; com*er* = to eat.

c. Those whose infinitive ends in -*ir*, like permit*ir* = to permit, allow; escrib*ir* = to write.

All so-called *regular* verbs conform to the above patterns (see 7). The ones that don't are called *irregular* verbs and are given in 9.3. These unfortunately have to be learnt – part of the chore of learning a foreign language! We have irregular verbs in English but as we learn them gradually when we learn to speak we don't always recognise them as such, e.g. 'I *am*, you *are*, he, she, it *is*', etc.

A peculiarity of Spanish is the *radical-changing verb* (see Gr.8), in which a part of the verb changes when the stress falls on it. (For information on stress see notes to *Lección 1* in the *Student's Book*.)

2. The tenses
2.1.
The *Present Indicative Tense* in Spanish is used, as in English, to express what is happening at the present moment or in the immediate future. It is formed by adding the following endings to the stem of the verb:

-o, -as, -a, -amos, -áis, -an   for -*ar* verbs
-o, -es, -e, -emos, -éis, -en   for -*er* verbs
-o, -es, -e, -imos, -ís, -en   for -*ir* verbs

e.g. Pepe *trabaja* en el bar 'Los Elefantes' = Pepe works in the bar 'Los Elefantes'
comemos mañana en el restaurante 'La Gitana' = we're going to eat tomorrow in 'La Gitana' restaurant

2.2
The *Perfect Tense* is used to express actions which are finished but which are somehow linked to the present. You'll hear it often in conversation.
This tense is made up of the *Present Tense of haber* (Gr.9.3) and the *Past Participle*, which is formed by substituting -*ado* for verbs ending in -*ar* – e.g. tom*ado* from *tomar*; viaj*ado* from *viajar* – and -*ido* for verbs ending in -*er* and -*ir* – e.g. com*ido* from *comer*; sal*ido* from *salir*.

e.g. Carlos *ha salido* hoy muy temprano. No vuelve hasta las diez de la tarde.
Carlos went out very early this morning. He's not coming back until 10 p.m.
(see also Gr.4)

2.3   The *Imperfect Tense* is used to describe something unfinished which was happening in the past for an indefinite length of time.

The endings for this tense are: *-aba, -abas, -aba, -ábamos, -abais, -aban* for verbs ending in *-ar* and *-ía, -ías, -ía, -íamos, -íais, -ían* for verbs ending in *-er* or *-ir*. (cf. Gr.7)

e.g.   Cuando yo *era* joven, *vivíamos* en Madrid. Mi padre *trabajaba* en el Banco de Bilbao y yo *estudiaba* en la universidad. *Tenía* dos hermanas y un hermano.

When I was young we lived in Madrid. My father worked in the Bank of Bilbao and I studied at the university. I had two sisters and one brother.

2.4   The *Preterite Tense* is used for a completed action in the past. It's always used in narrative and is sometimes interchangeable with the Perfect in conversation.

The endings for this tense are: *-é, -aste, -ó, -amos, -asteis, -aron* for verbs ending in *-ar* and *-í, -iste, -ió, -imos, -isteis, -ieron* for verbs ending in *-er* and *-ir*. (Gr.7)

e.g.   Fuimos a España durante el mes de agosto. Vivimos en un piso muy bonito y hicimos muchas excursiones a Sevilla, Granada, Málaga, etcétera. Volvimos a Inglaterra el 3 de septiembre.

We went to Spain during the month of August. We stayed (*lit.* lived) in a very pretty flat and made many trips to Seville, Granada, Malaga etc. We returned to England on 3rd September.

When the Imperfect and the Preterite are used together to describe events in the past, it is often difficult to choose the right one. The simplest way is to imagine a train travelling through the countryside signifying an action which is continuous throughout, and people getting off and on as actions which cut across this and are complete in themselves:

e.g.   Mientras *viajábamos* (Imperfect) a Madrid, *vimos* (Preterite) muchas ciudades y pueblos interesantes. *Hacía* (Imperfect) mucho calor y el departamento *estaba* lleno. En una estación *subió* (Preterite) un señor muy gordo en el tren y *comió* (Preterite) un bocadillo enorme de jamón serrano. Todos los pasajeros le *miraron* (Preterite) muy asombrados.

While we *were travelling* to Madrid (*continuous action*), we *saw* (*single action*) many interesting towns and villages. It *was* very hot and the compartment *was* full (both *continuous action*). At one station a very fat gentleman *got on* the train (*single action*) and *ate* (*single action*) an enormous sandwich of Serrano (salted) ham. All the passengers *looked* at him (*single action*) with great astonishment (literally: very astonished).

2.5   The *Pluperfect Tense* is one step further back in time than the Perfect and expresses the English '(he) had done something'. This tense is formed from the Imperfect Tense of *haber* plus the Past Participle of the verb concerned:

e.g.   cuando *había comprado* el coche, salió a la calle
when he had bought the car he went out into the street

había vivido en Madrid muchos años cuando visitó a sus tíos en Nueva York
he had lived in Madrid for many years when he visited his aunt and uncle in New York

2.6   For the *Future Tense* you just take the *infinitive* of the verb concerned and add on the following endings:

-é, -ás, -á, -emos, -éis, -án. (see Gr.7)

e.g.   comer*emos* en restaurante 'Mirabella' durante las vacaciones
we shall eat in the Mirabella Restaurant during the holidays

gastar*á* mucho dinero cuando viaje a Madrid el año que viene
he will spend a lot of money when he travels to Madrid next year

There are some irregular forms of the future, (see Gr.9.3)
For the immediate future, either the Present Tense can be used (Gr.2.1) or sometimes *ir a* plus the infinitive, meaning 'to be going to do something':

e.g.   llegamos hoy por la tarde   we shall arrive this afternoon (*lit.* we arrive this afternoon)
le voy a llamar esta tarde   I'll ring you this afternoon
vamos a telefonear a Miguel   we'll telephone Michael

2.7   The *Conditional* corresponds to the English '(he) would do something' and is mainly used in Spanish to express courtesy. It is formed by using the infinitive of the verb plus the endings for the imperfect tense of *-er* and *-ir* verbs (Gr.7). (see example below) or after an 'if'-clause (see conditional clauses Gr.5.8).

e.g.   ¿pod*ría* Vd. decirme dónde está?   could you tell me where it is?

3.   The *Present Participle* is used with the present or imperfect of *estar* to form the Present and Past Continuous Tenses, i.e. to express something which is or was going on at a given time.
The present participle is formed by taking the stem of the verb and adding *-ando* for *-ar* verbs and *-iendo* for *-er* and *-ir* verbs:

e.g.   *tomando* from *tomar*; *lloviendo* from *llover* and *discutiendo* from *discutir*.

Some are slightly irregular, e.g. *leyendo* from *leer*; *trayendo* from *traer* and some have vowel changes, e.g. *durmiendo* from *dormir* (Gr.8.2); *sintiendo* from *sentir* (Gr.8.1).

e.g.   está tomando café   he is drinking coffee
estamos fregando los platos   we are washing up
estaba lloviendo cuando llegamos   it was raining when we arrived
estaba discutiendo algunas cosas con   he was discussing things with his
sus amigos en el bar   friends in the bar

Often the Present Participle is used with *seguir* to mean to continue doing something:

e.g.   sigue lloviendo   it's still raining (*lit.* it's going on raining)
seguía leyendo el periódico   he went on reading the newspaper

4.   The *Past Participle* is used to form the Perfect Tense (Gr.2.2).
It is formed by taking the stem of the verb and adding *-ado* for *-ar* verbs and *-ido* for *-er* and *-ir* verbs.

5.   **The Subjunctive Mood**

This is not a tense but a 'mood' and Spaniards use it frequently, mostly when they want to express doubt or uncertainty or only a vague possibility.

The *Present Subjunctive* ending are the reverse of the Present Indicative endings: *-ar* verbs take the endings for *-er* verbs:

e.g.   hab*le*, hab*les*, hab*le*; habl*emos*, habl*éis*, habl*en*
and *-er*, *-ir* verbs take the endings for *-ar* verbs:

e.g.   com*a*, com*as*, com*a*; com*amos*, com*áis*, com*an*.

There are some irregular Subjunctives (Gr.9.3). These are usually formed from the first person of the Present Indicative – *diga* from digo, *conozca* from conozco, etc.

There are two forms of the Imperfect Subjunctive both of which are formed from the third person plural of the *Preterite Tense* of the verb concerned. You take away the *-ron* ending and add: *-ra, -ras, -ra, -ramos, -rais, -ran* or *-se, -ses, -se, -semos, -seis, -sen*

e.g.   *hablar* becomes *hablaron* in the third person plural of the Preterite Tense, so the imperfect subjunctive is:
habl*ara*, habl*aras*, habl*ara*; habl*áramos*, habl*arais*, habl*aran*.

or   habl*ase*, habl*ases*, habl*ase*; habl*ásemos*, habl*aseis*, habl*asen*.

Similarly in the case of *-er* and *-ir* verbs, *comer* becomes *comieron*, and *vivir* becomes *vivieron* in the third person plural of the preterite, so the imperfect subjunctive for these is:

com*iera*, com*ieras*, com*iera*; com*iéramos*, com*ierais*, com*ieran*
viv*iera*, viv*ieras*, viv*iera*; viv*iéramos*, viv*ierais*, viv*ieran*

or: com*iese*, com*ieses*, com*iese*; com*iésemos*, com*ieseis*, com*iesen*
viv*iese*, viv*ieses*, viv*iese*; viv*iésemos*, viv*ieseis*, viv*iesen*

The Subjunctive has the following basic uses:

5.1   After verbs expressing doubt or uncertainty, e.g. *dudar* = to doubt; *no creer* = not to believe:

e.g.   dudo que venga.   I doubt that he will come.
¡no creo que tengas setenta años! ¡pareces demasiado joven!
I don't believe you are seventy! you look too young!

5.2   After verbs expressing emotion, e.g. *esperar* = to hope; *sentir* = to be sorry; *alegrarse (de)* = to be glad, when there is a change of subject:

e.g.   espero que vuelvan   I hope they will return
siento que estés enfermo   I am sorry you are ill
se alegra de que hayan venido he is glad that they have come

(But when there is the same subject for both verbs the infinitive can be used:

e.g.   me alegro de estar aquí   I am glad that I am here

5.3   After verbs of wanting and requesting, e.g. *decir* = to tell; *pedir* = to request; *querer* = to want:

e.g.   nos pide que vengamos mañana   he asks us to come tomorrow
le dijo que lo pagara   he told him to pay it
quiero que salga en seguida   I want him to leave at once

(But when the subject of the second verb is the same as the subject of *querer* you can use the infinitive:

e.g.   quiere visitar a su amiga   he wants to visit his girl friend

5.4   After *cuando* = when; *en cuanto* = as soon as; *hasta que* = until, when future time is implied:

e.g.   cuando venga, vamos al bar   when he comes (will come) we'll go to the bar

(But: cuando visité España, hacía mucho calor   when I visited Spain (*past time*) it was very hot)

5.5   After such impersonal expressions as *es posible* = it is possible; *es imposible* = it is impossible; *es importante* = it is important; *es necesario, es preciso* = it is necessary; *es natural* = it is natural:

e.g.   es posible que venga   it's possible he may come
es preciso que salgas hoy   it's necessary for you to leave today
es natural que digan eso   it's natural that they should say that
es necesario que lo hagan en seguida it's necessary for them to do it at once

But when the second verb has no subject you can use the infinitive:

es natural decir eso   it's natural to say that
es necesario hacerlo en seguida   it's necessary to do it at once

5.6   In sentences where the subject of the verb in question is hypothetical (i.e. an indefinite person or thing):

e.g.   busco a alguien que hable español   I am looking for someone who speaks Spanish
no encuentro ningún sitio en España I can't find anywhere (*lit.* any place)
donde se pueda acampar   in Spain where it's possible to camp

5.7   After *para que* = in order that; *sin que* = without; *antes que* = before:

e.g.   trabaja mucho para que su familia   he works a lot so that his family
pueda comer   can eat
entró sin que nadie le viera   he came in without anyone seeing him
lo haré antes que vuelva   I'll do it before he returns

5.8   In *conditional clauses* if the condition is remote or contrary to fact:

e.g.   si tuviera dinero, iría al teatro   if I had (enough) money, I would go to the theatre

The supposition is that you don't have money, so you can't go – but compare:

si llueve, no salimos   if it's raining we're not going out
(an open condition)

In the first sentence, the imperfect form of the subjunctive is used and the -*ra* form is preferred (cf. below for the verb endings).

5.9   If a wish is expressed by the use of *¡que!* the subjunctive is used:

  e.g. ¡que se mejore!   (I hope – may you) get better!
    ¡que se divierta!   enjoy yourself!

5.10   Finally, the subjunctive is used in expressions like *lo que quiera* = whatever you wish; *como quiera* = as you like; *cuando quiera* = whenever you wish:

  e.g. ¿qué hacemos? – lo que quiera what shall we do? – what you like
    ¿vamos mañana? – como quiera shall we go tomorrow? – as you like
    ¿cuándo salimos? – cuando quiera when shall we leave? – when you like

6. **The Imperative**
This is used when you tell someone to do something, i.e. the command form.
There are two Imperative forms (corresponding to *tú* and *vosotros*) which are used in familiar affirmative commands.
For the *tú* form you take the second person of the Present Indicative Tense and simply cut off the ending *-s*:

  e.g. *toma* from *tomas*; *lee* from *lees*; *escribe* from *escribes*.

For the plural form, *vosotros*, the endings are *-ad*, *-ed*, and *id*:

  e.g. *tomad, leed, escribid.*

For negative commands you use the Present Subjunctive:

e.g.	*Affirmative*		*Negative*
¡toma esto!	take this!	¡no tome esto!	don't take this!
¡lee esto!	read this!	!no leas esto!	don't read this!
¡escribe!	write!	¡no escribas!	don't write!
¡tomad estos!	take these!	¡no toméis estos!	don't take these!
¡leed los libros!	read the books!	¡no leáis los libros!	don't read the books!
¡escribid las cartas!	write the letters!	¡no escribáis las cartas!	don't write the letters!

When giving a command to someone you call *usted* (and also in the case of *ustedes*), you use the Present Subjunctive both for the affirmative and the negative:

e.g.	*Affirmative*		*Negative*
¡tome usted esto!	take this!	¡no tome usted esto!	don't take this!
¡escriba usted!	write!	¡no escriba usted!	don't write!
¡lean ustedes los libros!	read the books!	¡no lean ustedes los libros!	don't read the books!
¡escriban ustedes las cartas!	write the letters!	¡no escriban ustedes las cartas!	don't write the letters!

Note: The personal pronoun (*me, te, le, lo, etc.*) is added to the end of the Imperative affirmative but comes before the negative Imperative (Gr.19.3 and Gr.19.7):

  e.g. ¡llámeme mañana!/¡no me llame mañana! ring me tomorrow!/don't ring me tomorrow!

    ¡dígaselo!/¡no se lo diga!   tell it to him!/don't tell it to him!

7. The tenses: the three basic types of regular verbs

Infinitive	hablar = to speak	comer = to eat	vivir = to live
Present Participle	hablando	comiendo	viviendo
Past Participle	hablado	comido	vivido
Perfect Tense (Gr.2.2)	he hablado etc.	he comido etc.	he vivido etc.
Present Indicative	hablo	como	vivo
	hablas	comes	vives
	habla	come	vive
	hablamos	comemos	vivimos
	habláis	coméis	vivís
	hablan	comen	viven
Imperfect	hablaba	comía	vivía
	hablabas	comías	vivías
	hablaba	comía	vivía
	hablábamos	comíamos	vivíamos
	hablábais	comíais	vivíais
	hablaban	comían	vivían
Preterite	hablé	comí	viví
	hablaste	comiste	viviste
	habló	comió	vivió
	hablamos	comimos	vivimos
	hablasteis	comisteis	vivisteis
	hablaron	comieron	vivieron
Future	hablaré	comeré	viviré
	hablarás	comerás	vivirás
	hablará	comerá	vivirá
	hablaremos	comeremos	viviremos
	hablaréis	comeréis	viviréis
	hablarán	comerán	vivirán
Conditional (Gr.2.7)	hablaría	comería	viviría
Present Subjunctive	hable	coma	viva
	hables	comas	vivas
	hable	coma	viva
	hablemos	comamos	vivamos
	habléis	comáis	viváis
	hablen	coman	vivan
Imperfect Subjunctive	hablara or ase	comiera or -iese	viviera or -iese
	hablaras -ases	comieras -ieses	vivieras -ieses
	hablara -ase	comiera -iese	viviera -iese
	habláramos -ásemos	comiéramos -iésemos	viviéramos -iésemos
	hablarais -aseis	comierais -ieseis	vivierais -ieseis
	hablaran -asen	comieran -iesen	vivieran -iesen

Note: When the verb stem ends in a *c*, this changes to *qu* before any ending in -e, in order to preserve the hard 'k' sound: e.g. buscar: busque, busqué
explicar: explique, expliqué

Similarly, a stem in -*g* adds a *u* to keep the hard sound: e.g. llegar: llegue, llegué
pagar: pague, pagué

8. Radical-changing verbs

Some verbs change their stem vowel when the stress falls on it:

e.g.   poder – puedo; querer – quiero; pido, etc.

The change takes place in the first three persons singular and in the third person plural of the Present Indicative but not in the first and second persons plural. The Present Subjunctive also has this change.

The best way to learn these verbs is to distinguish between three main groups.

8.1 Verbs with changes from 'e' to 'ie'

e.g. empezar = to begin

Present Indicative		Present Subjunctive	
e.g. empiezo a trabjar = I start to work		e.g. ¿quieres que empiece? = do you want me to start?	
empiezo	empezamos	empiece	empecemos
empiezas	empezáis	empieces	empecéis
empieza	empiezan	empiece	empiecen

Note that the 'z' changes to 'c' before an 'e'.
The most important verbs in this group which end in -ar are as follows

cerrar	= to shut	pensar	= to think
despertar	= to wake up	sentarse	= to sit down
empezar	= to begin	nevar	= to snow

Similar verbs ending in -er and -ir are:

encender	= to light	sentir	= to regret, to feel
entender	= to understand	divertirse	= to amuse oneself
perder	= to lose		
querer	= to want; to like, to love		

8.2 Verbs with changes from 'o' or 'u' to 'ue'

encontrar = to find, to meet

Present Indicative		Present Subjunctive	
e.g. no lo encuentro interesante = I don't find it interesting		e.g. espero que lo encuentre Vd. = I hope you find it	
encuentro	encontramos	encuentre	encontremos
encuentras	encontráis	encuentres	encontréis
encuentra	encuentran	encuentre	encuentren

Verbs in this group include:

acordarse = to remember	poder = to be able to
avergonzarse = to be ashamed	volver = to return
contar = to relate, tell	doler = to hurt
costar = to cost	llover = to rain
probar = to try, to sample	soler = to be used to, accustomed to
probarse = to try on	dormir = to sleep
jugar = to play	morir = to die

Note: *dormir* and *morir* have a further change (from *o* to *u*) in the 1st and 2nd persons plural of the Present Subjunctive (d*u*rmamos, d*u*rmáis), also in the 3rd person singular and plural of the Preterite (d*u*rmió, d*u*rmieron), throughout the Imperfect Subjunctive and the Present Participle (d*u*rmiendo). Similarly *sentir* changes the *e* to *i* in these positions, e.g. s*i*ntamos, s*i*ntáis, etc. For *avergonzarse* the change is *o* to *ue* (me averg*ue*nzo).

8.3　*Verbs with changes from 'e' to 'i'*
pedir = to ask, to request

	Present Indicative		*Present Subjunctive*

e.g. no p*i*do nada = I ask for nothing

me alegro que no p*i*da más = I am glad he does not ask for more

p*i*do	pedimos		
p*i*des	pedís	p*i*da	p*i*damos
p*i*de	p*i*den	p*i*das	p*i*dáis
		p*i*da	p*i*dan

This group has the change 'e' to 'i' also in the 3rd person singular and plural of the Preterite (p*i*dió, p*i*dieron), throughout the Imperfect Subjunctive and in the Present Participle (p*i*diendo), and in the singular of the Imperative.
Verbs in this group include:
reír, reírse = to laugh
repetir = to repeat
seguir = to follow (the 'u' is dropped before 'o' or 'a' – e.g. sigo, sigas)

9.　**Irregular verb forms**
A list of irregular verbs is given below. In the two paragraphs that follow are notes on minor irregularities.

9.1　*conocer* = to know a person or place. The first person of the Present Tense is cono*z*co, and this change affects the whole of the Present Subjunctive (cono*z*ca, cono*z*cas, etc.)

9.2　The following verbs have irregular past participles:

abrir (to open)	abierto
escribir (to write)	escrito
morir (to die)	muerto
romper (to break)	roto
volver (to return)	vuelto

9.3   List of irregular verbs

Infinitive	andar	caer	conducir	dar	decir
Meaning	to walk	to fall	to drive	to give	to say
Present	ando	caigo	conduzco	doy	digo
	andas	caes	conduces	das	dices
	anda	cae	conduce	da	dice
	andamos	caemos	conducimos	damos	decimos
	andáis	caéis	conducís	dais	decís
	andan	caen	conducen	dan	dicen
Imperfect	andaba	caía	conducía	daba	decía
Perfect	he andado	he caído	he conducido	he dado	he dicho
Preterite	anduve	caí	conduje	di	dije
	anduviste	caíste	condujiste	diste	dijiste
	anduvo	cayó	condujo	dio	dijo
	anduvimos	caímos	condujimos	dimos	dijimos
	anduvisteis	caísteis	condujisteis	disteis	dijisteis
	anduvieron	cayeron	condujeron	dieron	dijeron
Future	andaré	caeré	conduciré	daré	diré
Conditional	andaría	caería	conduciría	daría	diría
Present Subjunctive	ande	caiga	conduzca	dé	diga
Imperfect Subjunctive	anduviera	cayera	condujera	diera	dijera
	anduviese	cayese	condujese	diese	dijese
Imperative (sing.)	anda	cae	conduce	da	di
Imperative (pl.)	andad	caed	conducid	dad	decid
Present Participle	andando	cayendo	conduciendo	dando	diciendo

Irregular verbs continued

Infinitive	estar	haber	hacer	ir	oír	poder
Meaning	to be	to have	to make, do	to go	to hear	to be able
Present	estoy	he	hago	voy	oigo	puedo
	estás	has	haces	vas	oyes	puedes
	está	ha	hace	va	oye	puede
	estamos	hemos	hacemos	vamos	oímos	podemos
	estáis	habéis	hacéis	vais	oís	podéis
	están	han	hacen	van	oyen	pueden
Imperfect	estaba	había	hacía	iba	oía	podía
Perfect	he estado	he habido	he hecho	he ido	he oído	he podido
Preterite	estuve	hube	hice	fui	oí	pude
	estuviste	hubiste	hiciste	fuiste	oíste	pudiste
	estuvo	hubo	hizo	fue	oyó	pudo
	estuvimos	hubimos	hicimos	fuimos	oímos	pudimos
	estuvisteis	hubisteis	hicisteis	fuisteis	oísteis	pudisteis
	estuvieron	hubieron	hicieron	fueron	oyeron	pudieron
Future	estaré	habré	haré	iré	oiré	podré
Conditional	estaría	habría	haría	iría	oiría	podría
Present Subjunctive	esté	haya	haga	vaya	oiga	pueda
Imperfect Subjunctive	estuviera	hubiera	hiciera	fuera	oyera	pudiera
	estuviese	hubiese	hiciese	fuese	oyese	pudiese
Imperative (sing.)	está	–	haz	ve	oye	–
Imperative (pl.)	estad	–	haced	id	oíd	–
Present Participle	estando	habiendo	haciendo	yendo	oyendo	pudiendo

Irregular verbs continued

Infinitive	poner	querer	saber	salir	ser
Meaning	to put	to want, like	to know	to go out	to be
Present	pongo	quiero	sé	salgo	soy
	pones	quieres	sabes	sales	eres
	pone	quiere	sabe	sale	es
	ponemos	queremos	sabemos	salimos	somos
	ponéis	queréis	sabéis	salís	sois
	ponen	quieren	saben	salen	son
Imperfect	ponía	quería	sabía	salía	era
Perfect	he puesto	he querido	he sabido	he salido	he sido
Preterite	puse	quise	supe	salí	fui
	pusiste	quisiste	supiste	saliste	fuiste
	puso	quiso	supo	salio	fue
	pusimos	quisimos	supimos	salimos	fuimos
	pusisteis	quisisteis	supisteis	salisteis	fuisteis
	pusieron	quisieron	supieron	salieron	fueron
Future	pondré	querré	sabré	saldré	seré
Conditional	pondría	querría	sabría	saldría	sería
Present Subjunctive	ponga	quiera	sepa	salga	sea
Imperfect Subjunctive	pusiera	quisiera	supiera	saliera	fuera
	pusiese	quisiese	supiese	saliese	fuese
Imperfect (sing.)	pon	quiere	sabe	sal	sé
Imperative (pl.)	poned	quered	sabed	salid	sed
Present Participle	poniendo	queriendo	sabiendo	saliendo	siendo

Irregular verbs continued

Infinitive	tener	traer	valer	venir	ver
Meaning	to have	to bring	to be worth	to come	to see
Present	tengo	traigo	valgo	vengo	veo
	tienes	traes	vales	vienes	ves
	tiene	trae	vale	viene	ve
	tenemos	traemos	valemos	venimos	vemos
	tenéis	traéis	valéis	venís	veis
	tienen	traen	valen	vienen	ven
Imperfect	tenía	traía	valía	venía	veía
Perfect	he tenido	he traído	he valido	he venido	he visto
Preterite	tuve	traje	valí	víne	vi
	tuviste	trajiste	valiste	viniste	viste
	tuvo	trajo	valió	vino	vio
	tuvimos	trajimos	valimos	vinimos	vimos
	tuvisteis	trajisteis	valisteis	vinisteis	visteis
	tuvieron	trajeron	valieron	vinieron	vieron
Future	tendré	traeré	valdré	vendré	veré
Conditional	tendría	traería	valdría	vendría	vería
Present Subjunctive	tenga	traiga	valga	venga	vea
Imperfect Subjunctive	tuviera	trajera	valiera	viniera	viera
	tuviese	trajese	valiese	viniese	viese
Imperfect (sing.)	ten	trae	–	ven	ve
Imperative (pl.)	tened	traed	–	venid	ved
Present Participle	teniendo	trayendo	valiendo	viniendo	viendo

10   Use and meaning of some common verbs

10.1   *ser* and *estar* both mean 'to be'.
ser always describes a permanent state or characteristic:

eg.   es español   he is a Spaniard
      es de Bilbao   he is from Bilbao
      Juan es inteligente   John is intelligent

Ser is also used with the Past Participle to form the passive:

eg.   este libro fue publicado el año pasado   this book was published last year

Estar has several uses. It is used:
(i) to say where a person or thing (or place) is situated:

eg.   ¿dónde está Vd?   where are you?
      estoy en casa   I am at home
      Málaga está en el sur de España   Málaga is in the south of Spain
      la carta está en mi bolsa   the letter is in my bag

(ii) to describe a temporary state:

e.g. estoy muy cansado hoy   I am very tired today
      el televisor está roto   the television set is broken

(iii) with the Present Participle to describe an action in progress:

e.g. estoy leyendo un periódico   I am reading a newspaper

Compare:

María es muy guapa   Maria is very pretty (*permanent characteristic*)
¡qué guapa está Mariá hoy!   how pretty Maria looks today! (i.e. *especially pretty today*)

10.2   *conocer* and *saber*
conocer is to know a person or place, i.e. to be acquainted with:

e.g. conozco muy bien al Señor García   I know Mr García very well
      no conozco Sevilla   I do not know Seville

saber is to know a fact or the answer to a question, or to know how to do something:

e.g. ¿dónde está tu madre?   no sé, quizá está preparando la comida
      where is your mother?   I don't know, perhaps she is preparing the meal

                             ¿puedes leer esta carta?   no, porque no sé español
                             can you read this letter?   no, because I don't know any Spanish
                             sé cocinar   I can (know how to) cook

10.3   *deber* and *tener que*
deber means 'ought to' or 'should', and carries the sense of moral commitment:

e.g. debo hacer mis deberes antes de mañana   I ought to do my homework before tomorrow
      debo visitar a mi tía   I should visit my aunt

tener que means 'must', and implies a much stronger necessity:

e.g. Tengo que salir mañana.   I must leave tomorrow.
Mañana es el cumpleaños de mi padre. Tengo que mandarle un telegrama.
Tomorrow is my father's birthday. I must send him a telegram.

10.4 *hay*
hay is an impersonal expression meaning 'there is, there are' and is invariable. It originally comes from the verb *haber*. It is most useful in listing things to be found in a place:

e.g. en nuestra ciudad hay muchas tiendas, una fuente, un colegio, un teatro, etcétera
in our town there are a lot of shops, a fountain, a college, a theatre, etc.

no hay is the negative form:

e.g. no hay muchos estudiantes en el colegio hoy   there aren't many students in school today

10.5 *hay que*
hay que expresses necessity or duty, again in an impersonal sense:

e.g. el tren sale en dos minutos, hay que correr   the train leaves in two minutes, you'll have to run (*lit.* one has to run)

no hay que is the negative form:

e.g. No, no, esto no es verdad. No hay que decir una cosa así.
No, no – that's not true. You mustn't (*lit.* one mustn't) say something like that.

10.6 *gustar* and *faltar*
gustar means 'to please' and *faltar* 'to lack'. These are sometimes difficult verbs to use, as they are 'back to front':

e.g. me gustan estas flores = I like these flowers (*lit.* these flowers please me)
me falta dinero = I am short of money (*lit.* money is lacking to me)

The object of the English sentence (i.e. what is pleasing or lacking) becomes the subject of the Spanish sentence, and the verb agrees with it.

10.7 *quisiera*
This is the Imperfect Subjunctive of '*querer*', and is used a lot in Spanish to mean 'I/you (*pol.*)/ he/she/would like':

e.g. quisiera comprar un regalo para mi madre   I should like to buy a present for my mother

Similarly:

quisiéramos comer algo   we should like to eat something

11 **The Infinitive with and without prepositions**
11.1 If a verb is followed by another verb, the second verb is in the Infinitive:

e.g. espero llegar a tiempo   I hope to arrive on time
el médico me prohibe fumar   the doctor forbids me to smoke
me interesa saberlo   I am interested (*lit.* it interests me) to know it
puedo trabajar mañana   I can work tomorrow
quiero llamar a mi madre   I want to phone my mother

11.2   A number of verbs, however, are followed by a specific preposition before the following infinitive:

e.g.	*acabar de:*	Pepe acaba de llegar	Pepe has just arrived
	alegrarse de:	me alegro de verle	I am pleased to see you
	aprender a:	Paco aprende a conducir	Paco is learning to drive
	dejar de:	ha dejado de llover	it has stopped raining
	empezar a:	ha empezado a nevar	it has started to snow
	invitar a:	le invito a tomar café	I invite you to have coffee
	olvidarse de:	me he olvidado de traerlo	I forgot to bring it
	pensar en:	no he pensado en hacerlo	I did not think of doing it
	quedar en:	hemos quedado en vernos	we have arranged to meet (*lit.* to see each other)
	tardar en:	¿cuánto tarda en hacerlo?	how long does he take to do it?
	volver a:	¿cuándo volvemos a vernos?	when shall we see each other again?

11.3   When a noun is followed by the Infinitive, Spanish always uses a preposition. It is normally *de*:

e.g.   es hora de salir   it is time to leave

12   Reflexive verbs
12.1   These are so called because, broadly speaking, they express an action that you do to or for yourself:

e.g.   *lavarse* = to wash oneself

me lavo		*nos* lavamos
te lavas		*os* laváis
se lava		*se* lavan

12.2   Like all object pronouns (cf. Gr. 19.3), reflexive pronouns follow the Infinitive, Present Participle and Imperative Affirmative. The stress mark is often necessary to keep the stress on the right syllable.

e.g.	Suele levantarse a las siete.	He normally gets up at seven o'clock.
	Estaba lavándome cuando me llamó por teléfono mi jefe.	I was washing when my boss phoned me.
	¡Levántate en seguida!	Get up at once!

12.3   A reflexive pronoun agrees at all times with the subject of the sentence. It is important to remember this when the pronoun is used with the infinitive:

e.g. tengo que ir*me*	I have got to leave
tenemos que ir*nos*	we have got to leave
¿no quieres quedar*te* para la cena?	don't you want to stay for supper?

12.4   Sometimes the reflexive is used to mean 'each other', 'one another'

e.g.   nos escribíamos cada día   we wrote to each other every day

13   The Passive – and how to avoid it
13.1   The Passive Voice in Spanish can be avoided by the use of the reflexive form of the verb:

e.g. se habla inglés aquí	English is spoken here
se venden relojes aquí	watches are sold here

This construction is used a lot in impersonal expressions:

e.g.   se dice   it is said
        no se sabe nunca   you never know

13.2   Where an agent is mentioned, the Passive Voice is used. This is formed by using *ser* and the Past Participle: the Past Participle must agree with the subject of the sentence:

e.g.   el colegio fue construido por el rey Alfonso V   the school was built by King Alfonso V
        su libro ha sido traducido por un escritor   this book has been translated by a
        conocido   famous writer

B   Other Parts of Speech

14   Nouns and articles
14.1   All nouns in Spanish are either masculine or feminine. It is safest, as you learn a new noun, to learn at the same time which it is.

14.2   *The definite article 'the'*
        This is *el* for masculine nouns, *la* for feminine nouns:

el hombre   la mujer
el restaurante   la casa

The plural is *los* for the masculine, *las* for the feminine:

los hombres   las mujeres
los restaurantes   las casas

14.3   *The indefinite article 'a'*
        This is *un* for the masculine, *una* for the feminine:

un hombre   una mujer
un restaurante   una casa

The plural *unos* and *unas* mean 'some':

e.g.   unos hombres   some men
        unas casas   some houses

14.4   *el* and *un* are used (instead of *la* and *una*) with feminine nouns beginning with a stressed *a* or *ha*:

el agua   *el* hambre

14.5   *a + el = al*; *de + el = del*:

e.g.   vamos *al* cine   we are going to the cinema
        al lado *del* río   by the side of the river

14.6   The neuter article *lo* is used with the masculine singular form of an adjective:

e.g.   lo mejor   the best thing, what is best
        lo malo   the bad thing, what is bad
        lo hecho   what is done
        lo mío   (what is)mine
        lo mejor es esperar un poquito   the best thing is to wait a little

14.7 The definite article is used before titles (e.g. el señor García, la profesora Pérez, el capitán Veneno) when you are talking about people but not when you are addressing them:

e.g.   el Señor García no está en la oficina hoy   Señor García is not in the office today
Señor García, su mujer está esperándole en el aeropuerto   Señor García, your wife is waiting for you at the airport

Don/Doña and San/Santa, however, are not used with a definite article:

e.g.   Don Miguel de Unamuno, Santa Bárbara, San Isidro.

14.8 Spanish also used the definite article before numbers and times:

e.g.   ¿qué número es? – *el* 25   what number is it? number 25
¿cuánto te dan? – *el* 20 por ciento   how much are they giving you? 20 per cent
es *la* una, son *las* doce   it is one o'clock, twelve o'clock

14.9 No article is used before *medio* or *otro*

e.g.   media hora   half an hour
media docena   half a dozen
otro hotel   another hotel

14.10 You will notice many occasions where Spanish uses an article but English would not, i.e. before nouns used in a general sense:

e.g.   la vida es corta   life is short
me gusta el té   I like tea
el vino es muy barato en España   wine is very cheap in Spain

It is used before the names of a few countries, e.g. el Canadá, el Perú, el Brasil, la China, la India, la Argentina and with qualified names, e.g. la América del Sur, los Estados Unidos.

14.11 With parts of the body and articles of clothing, Spanish uses an article where English would use a possessive:

e.g.   le duele *la* cabeza   his head aches
¿te has lavado *las* manos?   have you washed your hands?

14.12 *el* is used with languages, except after *hablar*:

e.g.   el francés me gusta mucho   I like French very much
mi amigo no habla español   my friend doesn't speak Spanish

14.13 *el* is sometimes used with the Infinitive of a verb where English would use the Gerund (. . .ing):

e.g.   el leer libros españoles nos ayuda mucho   reading Spanish books helps us a lot

14.14 No article is used after the verb *ser* before nouns which express occupation or nationality:

e.g.   es médica   she is a doctor
es francés   he is French/he is a Frenchman

14.15 No article is used before a noun in apposition:

e.g.   Sra. Doña María González, directora del colegio   Sra. Doña María González, the headteacher of the school

14.16   Note that some idiomatic expressions omit the article, for example:

por primera vez   for the first time
a orillas del río   on the banks of the river
está a punto de hacerlo   he is on the point of doing it

15   Plurals

All nouns in Spanish ending in a vowel form their plural by adding -s. If the noun ends in a consonant -es is added:

e.g.   la casa   las casas
       la flor   las flores

If the final consonant is z, this will change to c before the -es is added:

e.g.   la luz   las luces
       la vez   las veces

Nouns which carry a stress mark on the final syllable, drop this in the plural since it becomes redundant:

e.g.   la estación   las estaciones
       el inglés   los ingleses

In some cases, a masculine plural carries the meaning of both sexes:
e.g.   los padres   parents
       los tíos   uncles and aunts
       los niños   children
(although of course los padres could mean 'fathers', los tíos 'uncles' and los niños 'boys')

16   Adjectives
16.1   Adjectives in Spanish which end in -o change this o to a when referring to a feminine noun or pronoun:

e.g.   un colegio moderno   una casa moderna

Adjectives ending in a consonant, or in -e do not change:

       un jersey azul   una blusa azul
       un chico amable   una chica amable

Note: Adjectives of nationality do take an a in the feminine:

e.g.   mi amigo alemán   mi amiga alemana

16.2   In the plural, adjectives add s or es:

e.g.   las casas modernas
       mis amigos ingleses
As with nouns, a final z changes to c before the -es is added:

e.g.   feliz (happy)   felices.

16.3   *Position of adjectives*

16.3.1   Adjectives usually follow the noun they describe: e.g.   un colegio moderno

and adjectives of nationality and colour *always* follow their noun: e.g.   la camisa azul; mis amigos ingleses

16.3.2   However, some adjectives precede the noun if they express something inherent in the noun itself, and do not add much to the meaning:

e.g.   las estrechas calles de Mijas   the narrow streets of Mijas
un terrible desastre   a terrible disaster
la blanca nieve   the white snow
Contrast this with
un regalo *magnífico*   a *magnificent* present

16.3.3.   Many common adjectives also precede the noun. These include poco, mucho, bastante, otro, cierto, ningún, algún, medio, tanto, último, primer/-a, segundo, demasiado:

e.g.   es la segunda vez   it is the second time
cierto hombre   a certain man

You will notice that these adjectives limit rather than describe their noun.

16.3.4   Finally, some adjectives change their meaning according to whether they come before or after their noun:

e.g.   un *gran* hombre   a great man (i.e. famous)
un hombre *grande*   a tall man

un *nuevo* libro   a new (different) book
un libro *nuevo*   a brand new book

la *misma* casa   the same house
la casa *misma*   the house itself

la *pobre* chica   the poor (unfortunate) girl
la chica *pobre*   the poor (penniless) girl

varios libros   several books
libros *varios*   different books

16.4   Two adjectives both coming before or both coming after the noun are joined by *y*

e.g.   un señor gordo y viejo   a fat old man

If one adjective is less important than the other, the less important will precede the noun:

e.g.   un viejo señor gordo   a *fat* old man

16.5   Some adjectives have a shortened masculine form if they precede the noun:

e.g.   hace *buen* tiempo   (bueno)   it is good weather
hace *mal* tiempo   (malo)   it is bad weather
algún libro   (alguno)   some book or other
ningún libro   (ninguno)   no book
un *gran* hombre   (grande)   a great man
el *primer* piso   (primero)   the first floor
el *tercer* piso   (tercero)   the third floor

Note: *grande* is shortened to *gran* before both masculine and feminine nouns.

e.g.   una *gran* ciudad   a great city

Similarly, *ciento* (= a hundred) is shortened to *cien* before all nouns, and before *mil* (cien mil = 100,000). *Santo* is shortened to *San* before a proper noun, but not before *Tomás*, *Tomé*, *Domingo* or *Toribio*; it is *San* Miguel, but *Santo* Domingo.

16.6   *Comparison of adjectives*

16.6.1   Adjectives are compared by using *más* and *el/la más* (= 'more', 'the most')

e.g.   este vino es más ligero que ése   this wine is lighter than that one
       este vino es el más ligero de todos   this wine is the lightest of all

16.6.2   The Spanish for 'less' is *menos*:

e.g.   tengo menos dinero que él   I have less money than he has
       pero mi amiga es la quien tiene el menos   but my (girl) friend has the least

16.6.3   Two adjectives have their own comparative forms:

bueno (good)   *mejor*   (better)   *el/la mejor*   (the best)
malo (bad)   *peor*   (worse)   *el/la peor*   (the worst)

e.g.   este vino es mejor que ése, pero ese vino es el peor de todos   this wine is better than
       that one, but that wine is the worst one of all

16.6.4   *grande* and *pequeño* each have two comparative forms:

grande	mayor	(older)	el mayor	(oldest)
	más grande	(bigger)	el más grande	(biggest)
pequeño:	menor	(younger)	el menor	(youngest)
	más pequeño	(smaller)	el más pequeño	(smallest)

16.6.5   The absolute superlative (which intensifies rather than compares) is formed with the ending -*ísimo/a*:

e.g.   Este vino es muy caro. Es carísimo.
       This wine is very expensive. It is extremely expensive.

       La pensión es muy barata. Es baratísima.
       The guest house is very cheap. It is extremely cheap.

16.6.6   To compare two items of equal standing, Spanish uses *tan* + adjective . . . *como*

e.g.   es *tan* grande *como* su hermano   he is as tall as his brother

tanto is used with a noun, or on its own:

e.g.   tengo *tanto* dinero como mi hermano   I have as much money as my brother
       tiene dinero, pero no tiene *tanto* como yo   he has money, but not as much as I have

16.6.7   Normally *que* follows *más* or *menos*, but before a number or an expression of quantity, they are followed by *de*:

e.g.   más *de* cien pesetas   more than 100 pesetas
       menos *de* quince pesetas   less than 15 pesetas

16.6.8 *más* and *tan* are sometimes used with an adjective in exclamations:

> e.g. ¡qué postales *tan* bonitas!   what pretty postcards!
> ¡qué comida *más* rica!   what a tasty meal!

16.7 For the use of *lo* with adjectives, see Gr. 14.6.

16.8 Demonstrative adjectives in Spanish are as follows:

> este, esta, estos, estas   this/these
> ese, esa, esos, esas   that/those (not far away)
> aquel, aquella, aquellos, aquellas   that/those (much further away)
> These agree with the noun they describe:

> e.g. este señor es mi amigo   this gentleman is my friend
> esa casa es la casa de mi madre   that's my mother's house.
> aquellas montañas son Sierra   those mountains (over there) are (the)
>   Nevada   Sierra Nevada

When speaking of time, *aquel* denotes a more distant past.

> e.g. durante aquellos años vivíamos en Madrid   during those years we lived in Madrid

17   Adverbs
17.1 Many adverbs are formed from the feminine form of the adjective, with the ending *-mente*;

> e.g. rápido   rápida*mente*
> directo   directa*mente*
> normal   normal*mente*
> ¿Hay un tren directo? – Sí, éste va directamente a Madrid.
> Is there a direct train? Yes, this one goes straight (directly) to Madrid.

Adjectives ending in a consonant or *e* just add *-mente* e.g. normal, normal*mente*, alegre, alegre*mente*:

¿Es normal este tráfico? – No normalmente hay menos.
Is this traffic normal? No, normally there is less.

17.2 When two adverbs are joined by *y*, the first one drops the ending *-mente*:

> e.g. *lenta* y tristamente   slowly and sadly

recientemente (= recently) becomes *recién* before a past participle:

> e.g. *recién* llegado   recently arrived

solo can be used instead of solamente to mean 'only'.

17.3 Some adverbs do not end in -*mente*. (They are usually adverbs of time, place or degree.) They include:

bien	(well – from bueno)	*adelante*	(in front)
mal	(badly, ill – from malo)	*después*	(afterwards)
mucho	(much)	*antes*	(before)
poco	(little)	*siempre*	(often)
despacio	(slowly)	*tarde*	(late)
atrás	(behind)		

e.g. Pepe conduce bien   Pepe drives well
　　　 juega mal a tenis   he plays tennis badly
Note: *bien* and *mal* are used for physical health:
estoy bien (I am well)   estoy mal (I am ill)

17.4 Adverbs go as near as possible to the word they modify:

e.g. anda rápidamente a la estación   he walks quickly to the station

Adverbs never come between *haber* and a linked past participle:

e.g. he comido bien   I have eaten well

If an adverb is to be emphasised, it precedes the verb:

e.g. *siempre* come a las tres   he always eats at three o'clock

17.5 Adverbs can be compared by using *más* and *lo más*:

e.g. iré más tarde   I shall go later
　　　 viene lo más tarde posible   he comes as late as possible

As in English, *muy* (very) is used to intensify an adverb:

e.g. trabaja *muy* lentamente   he works very slowly

Alternatively, the ending -*ísimo* may be used:

e.g. me gusta muchísimo el francés   I like French very much indeed

Adverbs with special comparative forms are:

bien	*mejor*	(better)
mal	*peor*	(worse)
mucho	*más*	(more)
poco	*menos*	(less)

Note the use of *lo* with the comparative when it is followed by *possible*:

e.g. trabaja *lo menos* posible   he works as little as possible

17.6 *tan . . . como* and *menos . . . que* can be used with adverbs in the same way as with adjectives:

e.g. anda *menos* rápidamente *que* yo   he walks less quickly than I (do)

17.7 Note that *muy* is used to modify an adjective or adverb, *mucho* to modify a verb:

e.g. habla muy bien inglés   he speaks English very well
　　　 le gusta mucho hablar inglés   he likes speaking English very much

18 Numbers, dates, times

18.1 Cardinal numbers

0 cero	25 veinticinco
1 uno, una (*un* estudiante, una casa)	26 veintiséis etc.
2 dos	30 treinta
3 tres	31 treinta y uno (treinta y *un* días,
4 cuatro	trienta y una horas) etc.
5 cinco	40 cuarenta
6 seis	50 cincuenta
7 siete	60 sesenta
8 ocho	70 setenta
9 nueve	80 ochenta
10 diez	90 noventa
11 once	100 cien/ciento (*cien* días,
12 doce	*cien* pesetas)
13 trece	110 ciento diez
14 catorce	200 doscientos, -as
15 quince	300 trescientos, -as
16 dieciséis	400 cuatrocientos, -as
17 diecisiete	500 *quinientos*, -as
18 dieciocho	600 seiscientos, -as
19 diecinueve	700 setecientos, -as
20 veinte	800 ochocientos, -as
21 veintiuno (veinti*ún* estudiantes,	900 novecientos, -as
veintiuna casas)	1,000 mil
22 veintidós	1,100 mil cien
23 veintitrés	2,000 dos mil
24 veinticuatro	100,000 cien mil

1,000,000 un millón (un millón de pesetas)
2,000,000 dos millones
1,000,000,000 mil millones – un billón

Note:

(a) Before masculine nouns in the singular and plural 1, 21 and 31, etc. become *un*, veinti*ún*, trienta y *un*, etc.

e.g. *un* estudiante, veinti*ún* estudiantes, treinta y *un* días, etc.

Before feminine nouns, singular and plural, they become *una*, veint*una*, treinta y *una*, etc.

e.g. *una* casa, veinti*una* casas, treinta y *una* horas, etc.

(b) 200–900 have a masculine and feminine ending to agree with the nouns they describe, e.g. doscien*tos* estudiantes, quinien*tas* mil pesetas.

(c) The other numbers are invariable, except for *ciento* (100) which changes to *cien* before both masculine and feminine nouns. e.g. *cien* pesetas, *cien* hombres.

(d) *millón* is a noun and is followed by *de*, e.g. un millón *de* pesetas (Gr. 24.3)

(e) *ciento* and *mil* can be used as nouns and can be replaced by *centenares* and *millares*,

e.g. centenares (cientos) de hombres   hundreds of men
      millares (miles) de gitanos   thousands of gypsies

18.2   *Dates*

The first day of a month is called *el primero* in Spanish:

e.g.   el primero de marzo   the first of March
For all other days the cardinal numbers are used.

e.g.   el veinte de diciembre   20th December
'on' is omitted, but Spanish has another *de* before the year:

e.g.   el veinte *de* noviembre *de* mil novecientos setenta y cinco   20th November 1975

18.2.1   Other expressions to do with dates:

¿a cuántos estamos?   what is the date?
en el año de mil novecientos treinta y tres   in the year 1933
el día catorce   (on) the 14th
el lunes veinte de febrero   (on) Monday 20th February

18.3   *Age* is expressed by *tener . . . años*:

e.g.   María tiene veinte años   Mary is 20 years old
          mi padre tiene ochenta y un años   my father is 81 years old

18.4   *Expressions of time*

¿qué hora es?   what time is it?
es la una   it's one o'clock
son las tres, las cuatro, etc.   it's three o'clock, four o'clock, etc.
es la una y diez   it's ten past one
son las cinco menos veinte   it's twenty to five
son las seis y cuarto   it's a quarter past six
son las tres menos cuarto   it's a quarter to three
son las siete y media   it's half past seven
media hora   half an hour
un cuarto de hora   a quarter of an hour
están dando las tres   it's striking three o'clock
a eso de las cuatro   at about four o'clock
son las siete en punto   it's exactly seven o'clock
son las dos y pico   it's just after two o'clock
a mediodía   at midday
a medianoche   at midnight
al amanecer   at dawn
al caer la tarde   at dusk
al caer la noche, al anochecer   at nightfall
hoy a las once   today at 11 o'clock

To distinguish between morning, afternoon and evening Spanish puts *de la mañana, de la tarde, de la noche* after the time:

e.g.   a las diez de la mañana – at 10 a.m.
          a las dos de la tarde   – at 2 p.m.
          a las once de la noche   – at 11 p.m.

Bus, train and plane timetables, however always use the 24-hour clock:

e.g.   el tren sale a las 21.20   the train leaves at 21.20

18.4.1 *Days of the week*

domingo	Sunday	jueves	Thursday
lunes	Monday	viernes	Friday
martes	Tuesday	sábado	Saturday
miércoles	Wednesday		

18.4.2 *Months*

enero	January	julio	July
febrero	February	agosto	August
marzo	March	se(p)tiembre	September
abril	April	octubre	October
mayo	May	noviembre	November
junio	June	diciembre	December

18.4.3 *Seasons*

la primavera	Spring	el otoño	Autumn
el verano	Summer	el invierno	Winter

18.4.4 *Some expressions with days of the week, etc.*

a principios (fines) de marzo	at the beginning (end) of March
el jueves que viene, el jueves próximo	next Thursday
el sábado pasado	last Saturday
mañana por la mañana (tarde, noche)	tomorrow morning (afternoon, evening)
ayer por la mañana (tarde, noche)	yesterday morning (afternoon, evening)
anoche	last night
pasado mañana	the day after tomorrow
anteayer	the day before yesterday
al día siguiente	the next day
a los diez días	ten days later
hoy día, hoy en día	nowadays
de hoy en ocho días	this day week

18.5 *Dimensions, distances and weights*
These are very similar to English:

e.g.	esta habitación tiene tres metros de ancho (de anchura)	this room is three metres wide
	y cuatro metros de largo (de longitud)	and four metres long
	y tres metros de alto (de altura)	and three metres high
	su casa está a trece kilómetros de la ciudad	his house is thirteen kilometres from the town
	vive a unos cuatro kilómetros del mar	he lives about four kilometres from the sea
	medio kilo	half a kilo (a pound)
	dos kilos y medio	two and a half kilos (five pounds)

Expressions of quantity:

la mitad   half
un tercio, una tercera parte   a third
un cuarto, una cuarta parte   a quarter
Note: The adverb *medio* (= half) is invariable, and can modify an adjective:

e.g.   la botella está medio vacía   the bottle is half empty

18.6   *Ordinal numbers*

1st el primero (1°)	5th el quinto (5°)	8th el octavo (8°)
2nd el segundo (2°)	6th el sexto (6°)	9th el noveno (9°)
3rd el tercero (3°)	7th el séptimo (7°)	10th el décimo (10°)
4th el cuarto (4°)		

(a)   Ordinal numbers (with the exception of *el primero*) are not used in dates – Gr. 18.2.

(b)   Ordinal numbers above ten are not normally used:

el piso trece = the thirteenth floor

(c)   All ordinal numbers must agree with the noun to which they refer

e.g.   la segunda botella

(d)   *primero* and *tercero* lose their final -o before a masculine noun (Gr. 16.5).

(e)   Ordinal numbers are used with the names of kings up to ten, after which cardinal numbers are used:

e.g.   Carlos Quinto   Charles the Fifth
but   Luis Catorce   Louis XIV.

19   **Pronouns**

19.1   *Subject*   *Direct object*

yo	I	me	me
tú	you (*fam.*)	te	you (*fam.*)
él	he	le/lo	him; *lo* = it (*masc.*)
ella	she	la	her, it (*fem.*)
Vd.	you (*masc. pol.*)	le/lo	you (*masc. pol.*)
Vd.	you (*fem. pol.*)	la	you (*fem. pol.*)
nosotros	we	nos	us
vosotros	you (*fam. pl.*)	os	you (*fam. pl.*)
ellos	they (*masc.*)	los	them (*masc.*)
ellas	they (*fem.*)	las	them (*fem.*)
Vds.	you (*pol. pl. masc.*)	les/los	you (*pol. pl. masc.*)
Vds.	you (*pol. pl. fem.*)	las	you (*pol. pl. fem.*)

19.2   *me, te, nos* and *os* also serve as indirect objects ('to me' etc.)
le = to him, to her, to you (*pol. sing.*)
les = to them, to you (*pol. plur.*)

19.3 Object pronouns come *either* before the main verb in the sentence:

e.g. ¿Dónde está la bolsa? No *la* tengo.   Where is the bag? I haven't got it.
¿Dónde están los cheques? No *los* tengo.   Where are the cheques? I haven't got them.
or following, and attached to, an *Infinitive*, *Present Participle* or *Imperative Affirmative*:

e.g. ¿Quiere llamar*me* mañana? ¿Está preparada la cena? No, estoy preparándo*la* ahora mismo.
Do you want to call me tomorrow? Is supper ready (prepared)? No, I am preparing it right now.

¿Quiere que yo llame al Señor García? ¡Sí, llámele por favor!
Do you want me to ring Mr García? Yes, please ring him!

19.4 *lo*, *la*, *los* and *las* must agree with the gender of the noun to which they refer:

e.g. ¿Tiene Vd. el cheque? Sí, *lo* tengo.
¿Tiene Vd. la blusa? Sí, *la* tengo.

19.5 Spanish often uses both the pronoun and the noun object to which it refers in the same sentence, where English would not use both together.
When a noun object is put before the verb (for emphasis) it must be repeated by the object pronoun:

e.g. la bolsa no *la* tengo   I have not got the bag

When an indirect object noun follows the verb it must be repeated by the pronoun *before* the verb:

¿que *le* ha pasado a tu hermano?   what has happened to your brother?

19.6 When two pronouns come together the indirect pronoun comes first:

e.g. ¿Tienes la entrada ya? Sí, *me* la ha dado tu hermano.
Have you already got the ticket? Yes, your brother gave it to me.

If by this process a '*le*' is followed by *lo* or *la*, the *le* is changed to *se*:

e.g. ¿Tiene ya el billete? Sí, *se* lo doy en seguida.
Have you already got the ticket? Yes, I will give it to you straight away.

Two pronouns together may be added to the end of an *Infinitive*, *Present Participle* or *Imperative Affirmative*. The stress mark is often needed to retain the stress on the syllable where it would have been without the pronouns.

e.g. ¿puede Vd. explicár*melo*?   can you explain it to me?

19.7 Where there are two verbs in the sentence, of which the second is an Infinitive or Present Participle, either of the pronoun positions indicated in Gr. 19.3 may be used:

e.g. ¿*me lo* puede Vd. explicar?
is just as correct as
¿puede Vd. explicár*melo*?

19.8 The object pronouns *me*, *te*, *nos* and *os* can also be used as reflexive pronouns, referring back to the subject of the sentence. But for the 3rd person – himself, herself, themselves, yourself/yourselves (pol.) – the reflexive pronoun is *se*:

e.g. *me* levanto   I get up (*lit.* I raise myself)
      se levanta   he gets up

For the impersonal use of *se*:
e.g. se habla inglés aquí   English is spoken here
See Gr. 13.1

19.9 To avoid ambiguity when using *le*, *les*, *la*, *las*, *lo*, *los* and *se* Spanish often adds *a* + the strong pronoun, especially in the case of *usted* or *ustedes*. The strong pronouns are really the same as the subject pronouns except for the first and second persons singular which are *mí* and *ti*.

e.g. ¿lo has llamado *a él*?   have you rung him?
      se *lo* doy *a usted* en seguida   I'll give it you straight away

19.10 The strong pronouns are always used after prepositions:

e.g. está sentado al lado de ella   he is sitting next to her
      ¿salió sin vosotros?   did he leave without you?
      ¿hay una carta para mí hoy?   is there a letter for me today?
After *con*, *mí* and *ti* become *-migo*, *-tigo* respectively, and are linked with the preposition to form *conmigo*, *contigo*:

e.g. ¿Vienes conmigo? No, hoy voy con él.
      Are you coming with me? No, today I am going with him.

19.11 *Demonstrative pronouns*
When the demonstrative pronouns *este*, *ese* and *aquel*, etc. (Gr. 16.8) stand on their own – that is, when they are used as pronouns – they take a stress mark and agree in gender and number with the noun they replace:

e.g. esta blusa es muy moderna, pero *ésta* es más ligera   this blouse is very modern, but this one (i.e. blouse) is lighter

      aquel banco es el banco de Barclays, pero *aquél* es el banco de Lloyds   that bank is Barclays, but that one is Lloyds

Neuter forms *esto*, *eso* and *aquello* are used when the noun is unspecified:

e.g. ¿qué es esto?   what's this?
      aquello será un barco   that must be a ship
These neuter forms do not take a stress mark.

Note the useful expression:
      eso es   that's it
      esto es lo que quiero decir   that's what I want to say

20   Possessives

20.1   *Possessive adjectives*

Possessive adjectives agree with the things possessed:

e.g.   su libro   his book
          sus libros   his books

mi	mío,-a	my
tu	tuyo,-a	your
su	suyo,-a	his, her, your (*fam.*), their
nuestro, -a		our
vuestro, -a		your

20.2   The shorter forms (*mi*, *tu*, *su*) are used before a noun, the longer forms afterwards for emphasis and after the verb *ser* (to be):

e.g.   mi casa
          la casa mía
          Esta casa es mía.

20.3   *Possessive pronouns*

The possessive pronoun consists of the longer form of the possessive adjective preceded by the definite article. It still agrees with the noun it stands for:

e.g.   los dos coches son nuevos, pero *el mío* es más grande que *el tuyo*   both cars are new, but mine is bigger than yours

20.4   to avoid ambiguity, *su* and *suyo* (*-a*) may be replaced by *de él*, *de ella*, *de Vd(s)*, *de ellos* respectively:

¿es su casa? sí, es la casa *de él*.

20.5   The plural forms of the possessives are formed by adding *-s* in the usual way:

e.g. mis libros	my books
las cosas suyas	his things
¿Dónde están tus padres? Los míos viven en Madrid.	Where are your parents? Mine live in Madrid.

21   Interrogatives

21.1   Spanish uses the stress mark on all interrogative adjectives and pronouns. Interrogatives are used in direct questions:

e.g.   ¿qué es esto?   what's this?

in indirect questions:

e.g.   no sé qué es   I don't know what it is

Interrogative words are also used in exclamations:

¡qué coche!   what a car!

21.2   The most important interrogatives are:

¿cuándo?	when?
¿desde cuándo?	since when?
¿cuánto?	how much?
¿cuántos/-as?	how many?
¿cuánto tiempo?	how long?
¿cómo?	how?
¿dónde?	where?
¿adónde?	whither? where to?
¿qué?	what?
¿para qué?	what for?
¿por qué?	why?
¿quién? (*pl.* quiénes?)	who?
¿cuál? (*pl.* cuáles?)	which?

21.3   *¿qué?/¿cuántos/-as?* can be used with or without a noun:

e.g.	¿qué tipo es?	what type is it?
	¿qué es esto?	what is this?
	¿cuántos estudiantes hay aquí?	how many students are here?
	¿cuántos se han marchado?	how many have left?

21.4   *¿cuál?* is used to distinguish between two or more people or things. It is a pronoun and cannot be used with a noun:

e.g.	¿cuál de los dos es su hermano?	which of the two is your brother?
	¿cuál es el mejor camino?	which is the best road?

21.5   Interrogative words– especially *qué* – are also used in exclamations:

e.g.   ¡qué coche!   what a car!

¡qué! can be used with a noun, adjective or adverb:

e.g.	¡qué guapa estás hoy!	how attractive you look today!
	¡qué bien!	how splendid!

When it is followed by a noun with an adjective, *más* or *tan* is usually inserted:

e.g.	¡qué postales tan bonitas!	what pretty postcards!
	¡qué día más estupendo!	what a marvellous day!

22   Relative pronouns

22.1   The relative pronoun which is most often used in Spanish is *que*, which means 'who' or 'which':

e.g.	la casa *que* está en la calle de Bilbao	the house which is in the calle de Bilbao
	el amigo *que* visitamos	the friend whom we visit

que can also be used after prepositions, especially after *a*, *con* and *en*, but only to refer to things:

e.g.   la casa en *que* vivimos   the house in which we live

22.2   *lo que* is used to mean 'what' (*lit.* 'that which'):

e.g.   esto es *lo que* quiero decir   that's what I want to say
lo que más me gusta es esto   what I like best is this

22.3   Sometimes, *quien/quienes* is used to refer to people only. If it refers to the object of a sentence, it must be preceded by the personal *a* (Gr. 24.1):

e.g.   la chica *a quien* yo he visto ayer   the girl whom I saw yesterday
quien is used after prepositions to refer to people:

e.g.   los niños con quienes hemos jugado en la playa   the children with whom we played on the beach

22.4   *el cual, la cual, los cuales, las cuales* may also be used to refer to people after prepositions:

e.g.   la casa para *la cual* trabaja   the firm for which he works

22.5   *cuyo, -a* is used to mean 'whose'; it must agree with the noun it describes:

e.g.   la gente *cuyo* perro yo he visto ayer   the people whose dog I saw yesterday

23   **Indefinites**

These can simply be learnt as vocabulary. The most important are:

23.1   todo el/la
todos los/las   } = all (the) every

e.g.   he trabajado todo el día   I have worked all day
he comido toda la fruta   I have eaten all the fruit
nos vemos todos los días   we see each other every day

The possessive adjective can be used instead of the article:

e.g.   todas sus cosas   all his things

23.2   *cada* = each, every; it is invariable:

e.g.   cada mes   every month
le veo cada semana   I see him every week

23.3   *alguien* = someone, anyone:

e.g.   ¿hay alguien aquí?   is there somebody here?

alguno, -a, -os, -as = some, a few (*algún* before masculine nouns – see Gr. 16.5)

e.g.   algunos perros   a few dogs

algo = something, anything

e.g.   ¿bebes algo?   are you drinking something?

the negative equivalents are:

nadie   = nobody
ninguno,-a = no (*adjective*)
nada   = nothing

23.4   *cualquiera, cualesquiera* = any, whatever

These are shortened to *cualquier, cualesquier* when they come before a noun:

e.g.   se puede comprar sellos en cualquier estanco   you can buy stamps in any tobacconist

24   Prepositions

Prepositions can cause problems when one is learning any new language, because their use seldom corresponds exactly in two different languages. Important uses of prepositions you have encountered in this book are:

24.1   *a*

a España	to Spain
a la derecha	on the right
¿a qué hora?	at what time?
a tiempo	on time
a casa	home (direction)
al + infinitive	on . . . ing

e.g.   al despertarse   on waking up

Personal *a*: When the object of a verb is a definite person (or persons) *a* must be put in front of it:

e.g.   veo a mi amigo   I see my friend

But this does not apply to *tener*:

e.g.   tengo un amigo   I have a friend

24.2   *antes de*

antes de salir   before leaving

24.3   *de*

| un vaso de vino | a glass of wine |
| el número de teléfono | telephone number |

(**Note:** This is essential; you cannot simply combine two nouns in Spanish as you can in English)

la hora de salir	time to leave
el tren de Madrid	the train from Madrid
de todas formas	in any case
seguido de	followed by

24.4.   *desde*

desde el domingo	since Sunday
estoy aquí desde hace tres días	I have been here for three days
el tren desde Madrid hasta Barcelona	the train from Madrid to Barcelona

24.5   *en*

en España   in Spain
ir en tren   to go by train
en casa   at home
en la mesa   on the table

24.6   *por* and *para*

Foreigners learning Spanish often find these difficult to distinguish. *Para* has the meaning of purpose or direction:

e.g.   compro un regalo para mi madre   I am buying a present for my mother
vamos a España para aprender el español   we are going to Spain in order to learn Spanish
el tren para Madrid sale del andén 15   the train to Madrid leaves from platform 15

Por has various uses. It can be used

a.   for cause or reason:

estoy aquí por haber perdido mi bolsa   I am here because I lost my handbag

b.   for the agent:

construido por el Señor Gaudí   built by Gaudí

c.   in certain expressions of time:

por la mañana   in the morning

d.   to express 'in search of':

fue por el médico   he went for the doctor

e.   to express 'for the sake of', 'on behalf of':

lo hago por mi madre   I am doing it for (on behalf of) my mother

f.   to express 'by' or 'through':

por el monte   in the mountains
un viaje por España   a journey through Spain

g.   to express '(means) by (which)':

por mano   by hand

Note also the following uses:

por aquí   around here; this way
por varias razones   for various reasons
dos mil pesetas por día   two thousand pesetas a day
lo he comprado por cien pesetas   I bought it for 100 pesetas

25   **Conjunctions**

These words link sentences or parts of sentences. The most common are:

25.1

y	and	como	as
o	or	pues	for, since
que	that	por eso	so (for that reason)
para que	in order to	pero }	but
cuando	when	sino }	
porque	because		

250

25.2 *porque* means 'because' and usually follows the main statement:

no vamos porque llueve   we are not going because it is raining

while *como* means 'as' and precedes the main statement:

como llueve no vamos   as it is raining, we are not going

25.3 *pero* and *sino* both mean 'but', but they differ in their usage. *pero* merely adds new information to what is already established:

puede verte a las once, pero a las doce tengo que estar en la ciudad   I can see you at eleven, but at twelve I must be in town

sino is used after a negative, and contradicts what has been said:

no es rico sino muy pobre   he is not rich but very poor

25.4 *y* changes to *e* if the following word begins with *i* or *hi*:

Francia e Italia   France and Italy
madre e hija   mother and daughter

o changes to *u* if the following word begins with *o* or *ho*

siete u ocho   seven or eight
niño u hombre   boy or man

26   Negation
26.1 To make a statement negative, simply put *no* before the verb:

no voy, no puedo   I'm not going, I cannot

This can be combined with *todavía* to mean 'not yet', or with *ya* to mean 'not any more'.

e.g.   todavía no ha llegado   he has not yet arrived
ya no está   he isn't here any more

26.2 To say 'never', 'nothing', 'nobody', put *nunca*, *nada*, *nadie*, after the verb but retain the *no* before the verb:

e.g.   no he dicho nada   I said nothing
no ha estado nunca allí   he has never been there

26.3 You can put *nunca*, *nadie* or *nada* in front of the verb for emphasis, in which case the *no* is omitted:

e.g.   nadie lo sabe   nobody knows it

26.4 'neither . . . nor' is *ni . . . ni*

e.g.   ni él ni su hermano pueden venir hoy   neither he nor his brother can come today

ni can also be used for emphasis, when it usually translates 'not even':

e.g.   ¿Tiene Vd. tiempo? Ni un minuto.   Have you got the time? Not even one minute.

Grammar index

B   **Other Parts of Speech**

Acknowledgments

Photographs

Ander, Leonore, Ottobrunn: pp. 39/2, 47/2, 63, 67, 71, 105/1, 117
Anthony-Verlag, Starnberg: pp. 60/4
Les Editions Braun & Cie., Paris: from ,,La peinture espagnole" pp. 24, 25
Bruggmann, Maximilien, Yverdon: pp. 31, 32/1, 94, 95, 118, 119, 122, 123, 134, 135, 138
Bücher-Buchner, Hannover: from ,,El Dorado – der Traum vom Gold" p. 89
Cambio 16, Madrid: pp. 93, 130
F. Catalá Roca, Barcelona (via Ministerio de Información y Turismo): pp. 74/3
Chambi, Martin, Cuzo: pp. 60/1–3
Cover Press, Madrid: pp. 38, 39/1, 45, 52, 53, 62, 77, 78, 99, 102, 103, 104, 105/2, 115/1, 131
Dirección General del Turismo, Madrid: p. 74/1
Editorial Everest, León: from ,,El Camino de Santiago" pp. 74/2, 75
Francke, Klaus D., Hamburg: pp. 87, 127
Geopress, München: p. 22
Halm, Wolfgang, Frankfurt: pp. 21, 76, 112
Heine-Stillmark, Adelheid, Karlsruhe: p. 61
Kaubisch, Hermann, München: pp. 18, 19/1, 47/1, 82, 88/1, 92
Klemm, Barbara, Frankfurt: p. 128
Link, Wolfgang, Ebenhausen: p. 64. Luis Arjona Ruiz, Restaurant El Cid, München.
Magnum Photos, Paris: pp. 59, 132/2, 133/1
    Magnum (Laenderpress): pp. 132/1, pp. 133/2
Neumeister, Werner, München: pp. 30/1, 121
Patzelt, Erwin, Oldenburg: pp. 108, 109
Patzelt, Hans, München: pp. 22, 23, 24, 32/2, 35, 65, 98, 115/2, 118, 119
Salmer, Servicios Fotográficos, Barcelona: pp. 25, 27/2 + 3, 86
Ediciones Sígueme, Salamanca: from Ernesto Cardenal ,,La Santidad de la Revolución". p. 129
Schneiders, Toni, Lindau: pp. 84/1, 113
Steiger, Rudolf A., Germering: pp. 14, 27/1 + 4, 85/2
Storr, Ignaz, München: p. 33
SZ-Bilderdienst, München, pp. 19/2, 69, 88/2
Thiele, Klaus, Warburg: pp. 79, 114
Vollmer, Manfred, Essen: pp. 30/2

Illustrations

p. 20: Química Farmacéutica Bayer, S. A., Barcelona
p. 22: Mexikokarte from Merian-Heft ,,Mexiko", Hoffmann & Campe, Hamburg
p. 61: Ayllu 2000, Cuzco: Humberto Thena y su familia presentan música e instrumentos raros del Perú los Andes
p. 72: Editorial Everest, León: from ,,El Camino de Santiago"
p. 77: Espasa-Calpe S. A., Madrid: from ,,Hágalo Vd. mismo"
p. 83: Zeitverlag Gerd Bucerius, Hamburg: from ,,Zeitmagazin Nr. 2/Jan. 80"
p. 110/111: Casa de las Américas: from Nersys Felipe: ,,Román Elé"
p. 136: Siglo veintiuno editores, México: from Eduardo Galeano ,,Las venas abiertas de América Latina"
p. 137: Bordas, Paris: from ,,ABC de Civilización Hispánica"

Published by the Press Syndicate of the University of Cambridge
The Pitt Building, Trumpington Street, Cambridge CB2 1RP
32 East 57th Street, New York, NY 10022, USA
10 Stamford Road, Oakleigh, Melbourne 3166, Australia

First published in the German Federal Republic 1980
First published in Great Britain 1988

Printed in Great Britain at the University Press, Cambridge

British Library cataloguing in publication data

Halm, Wolfgang
Contact Spanish.
Student's book
1. Spanish language – Spoken Spanish
I. Title   II. Blasco, Carolina Ortiz
III. Jones, Jennifer
468.3′421   PC4121

Library of Congress cataloguing in publication data

Halm, Wolfgang.
Contact Spanish: student's book/Wolfgang Halm. Carolina Ortiz
Blasco: adapted by Jennifer Jones.
        p.   cm.
Includes index.
ISBN 0 521 26937 7 (pbk.).   ISBN 0 521 26936 9 (pbk: practice
book).   ISBN 0 521 26332 8 (set of 2 cassettes)
1. Spanish language – Text-books for foreign speakers – English.
I. Ortiz Blasco, Carolina.   II. Jones, Jennifer.   III. Title.
PC4129.E5H35   1988
468.2′4 – dc19   87 – 21467   CIP

ISBN 0 521 26937 7

DP

Acknowledgement
Jennifer Jones would like to thank Julia Kubis for kindly reading the proofs.